Minilibros Prácticos

Alberto García Briz

Minilibros Prácticos

Alberto García Briz

©2019 Primera Edición

Contenidos

Presentación 6

Minilibro práctico Nº1: Publica tus libros de manera profesional con Software Gratuito 8

Presentación 8

Los contenidos 8

Edición de los textos 10

Edición de imágenes 12

Maquetación 14

La portada 16

Publicación 18

Promoción 22

Conclusiones 24

Enlaces de interés 25

Software de edición y maquetación 25

Editores 25

Editores alternativos y publicación gratuita 25

Financiación colectiva – crowdfunding 25

Otros enlaces 26

Minilibro práctico Nº2: Publica tus libros con Word para Mac OSX. Crea tus libros para publicación electrónica y en papel 28

Bienvenida 28

Introducción 28

Diferencias entre un libro electrónico y un libro en papel 31

Preparación de tu libro 33

Edición de un libro en papel 47

Aplicación de estilos al texto 52

Adición de encabezados y números de página 55

Inserción de imágenes 59

Creación de índices 60

Inserción de referencias en las imágenes 60

Tabla de contenidos 62

Guardado del archivo PDF 62

Conclusiones 63

Minilibro práctico Nº3: He publicado un libro (Y ahora, ¿Qué?) 66

Introducción 66

El proceso de publicación 67

Promoción, promoción, promoción 70

Conclusiones 81

Enlaces de interés 83

Software de edición y maquetación 83

Editores 83

Otros enlaces… 83

Minilibro práctico Nº4: No, no te vas a hacer rico con esto de Internet (¿O sí?) 86

Presentación 86

Introducción 88

Cómo hacerse rico en Internet (o no) 90

Conclusiones 113

Enlaces de Interés 116

Pequeño Diccionario de Diseño Gráfico y Fotografía (Edición 2019) 118

Presentación 118

0 - 9 120

A 123

B 128

C 131

D 137

E 141

F 144

G... 147

H... 150

I 153

J 155

K 156

L.. 157

M... 158

N... 160

O... 163

P 164

Q... 169

R 169

S 171

T 175

U... 181

V 182

W.. 184

X 185

Y 185

Z 186

Del mismo autor 187

Presentación

El libro que tienes ante ti incluye contenidos que he ido escribiendo durante los últimos tres años. Durante ese tiempo, vi la oportunidad (o la necesidad) de escribir sobre algunos temas prácticos muy concretos, que se reflejaron en los cuatro libros electrónicos que se incluyen en esta publicación en papel.

Y es que, aunque el formato electrónico favorece la publicación de textos más cortos y dirigidos a un público que busca contenidos concretos, el paso a papel requiere de una extensión algo mayor. Por ejemplo, KDP (la filial de publicación de Amazon) exige un mínimo de cien páginas para incluir contenidos en el lomo del libro.

Así, he recopilado mis primeros cuatro "minilibros" prácticos, trabajando un poco en el formato para darles una imagen común. También, he fundido los contenidos comunes. Por ejemplo, cada libro incluía un anexo con enlaces relacionados en Internet; ahora, sólo hay un único anexo para los cuatro. Los libros aparecen como capítulos independientes en el índice.

Además, cada uno de los libros originales incluía un pequeño glosario de términos y acrónimos utilizados, que (poco a poco) acababan incluyéndose en mi **"Pequeño Diccionario de Diseño Gráfico y Fotografía"**. Pues bien, en lugar de refundir estos glosarios he decidido incluir el diccionario (en su versión de 2019) como un quinto libro.

Como curiosidad, los libros incluidos en esta edición en papel están publicados en un orden incorrecto (respecto a las fechas originales de publicación de las versiones electrónicas) intencionadamente. Pero creo que el orden propuesto es mejor para una lectura secuencial de los contenidos. Concretamente, el libro electrónico **"He publicado un libro (Y ahora, ¿Qué?)"** lo publiqué tres meses antes que **"Publica tus libros con word para Mac OSX"**. Pues bien, he considerado que este último debía presentarse antes que el primero. En cualquier caso, es una opción personal, y cada libro (cada capítulo) puede leerse de manera independiente...

Por supuesto, los libros electrónicos originales siguen a la venta de manera independiente, y pueden adquirirse en las principales tiendas de Internet.

Alberto García Briz

Publica tus libros de manera profesional con Software Gratuito

Minilibro práctico Nº1: Publica tus libros de manera profesional con Software Gratuito

Presentación

El rápido auge de la publicación por internet (incluyendo la impresión bajo demanda), junto con sus prácticamente nulos costes de edición y producción, ha hecho que mucha gente se decida a publicar contenido propio, ya sea un libro de ficción que llevaba años en un cajón o un libro con contenido técnico que cubre un contenido, tecnología o proceso que no ha generado (en principio) el suficiente interés de las grandes editoriales como para dedicarles un libro concreto.

En cualquier caso, esta misma proliferación de publicaciones independientes ("*indie*") hace muy difícil destacar entre la potencial competencia, y diferentes aspectos (desde la calidad de la portada al trabajo de edición y composición) pueden marcar esta diferencia a la hora de vender un libro en una tienda online.

Este libro te presentará los pasos que debes seguir para conseguir una publicación con éxito (ojo, también depende de tus contenidos, y de tu capacidad para escribir correctamente...) de manera que tengas tu libro disponible en las principales tiendas de internet en muy poco tiempo...

Si te gusta este libro, te agradecería mucho que dejases una reseña o comentario en la tienda electrónica donde lo compraste. Yo, como tú, publico mis libros de manera independiente, y esa es la forma de conseguir visibilidad para la publicación, y un aumento en el público potencial.

Por último, si te han interesado los contenidos, al final de este libro podrás encontrar referencias a otros libros míos, más extensos, que tratan temas concretos con más detalle.

Los contenidos

Como acabo de indicar en la introducción, los contenidos son la pieza clave de tu libro: si publicas algo que no interesa a nadie, difícilmente lo venderás, por muy bajo que sea el precio.

Textos...

Tus textos deberán ser correctos gramatical y ortográficamente. No hay nada peor que comenzar un libro y detectar erratas, errores en la escritura y frases mal construidas. Esto suele causar que tus potenciales lectores abandonen la lectura rápidamente.

Idealmente, tus textos serán tuyos. Sin embargo, podrá haber ocasiones en las que trabajes con colaboradores, o quieras publicar contenidos (totales o parciales) de otros autores.

En este caso, deberás contar con una autorización (mejor por escrito), de cada uno de los diferentes autores, indicando los contenidos que te permiten publicar y bajo qué condiciones. Por ejemplo, pueden pedirte que les cites como coautores, o que no hagas ninguna modificación al texto.

¿Dónde buscar textos?

Hoy en día, una búsqueda rápida por Internet puede dar como resultado una serie de páginas web y documentos con los que producir un nuevo documento, ya sea como una compilación, un resumen o como material añadido a nuestros contenidos propios.

Si trabajas en un tema concreto, puede ser recomendable que busques foros y grupos de discusión sobre el mismo, donde incluso puedes solicitar las colaboraciones abiertamente.

Si tu libro es de ficción (desde un relato breve a una trilogía de novelas de 500 páginas cada una), todavía puedes buscar grupos de escritores que te pueden ayudar en ciertos aspectos de tu creación, desde la definición de personajes hasta el establecimiento de una línea temporal para las escenas del libro.

...e imágenes.

De la misma forma, es recomendable, en caso de incluirlas, que revises si todas tus imágenes son adecuadas para tu libro. Los lectores dedicados de libros electrónicos suelen tener las pantallas en blanco y negro (hechas con "tinta electrónica" o "e-ink").

Si utilizas imágenes que no son tuyas, debes asegurarte también de tener los derechos necesarios para publicarlas.

¿Dónde buscar imágenes?

Si no tienes una especial atracción hacia el mundo de la fotografía, o si buscas algo muy concreto que no puedes fotografiar, debes buscar tus imágenes en otro sitio. Por supuesto, en Internet.

Allí podrás encontrar "bancos de imágenes" con miles (¡millones!) de imágenes disponibles, con costes razonables. Muchos de ellos disponen de una sección de imágenes gratuitas, pero debes revisarlos con cuidado: Suelen ser gratuitas si las utilizas para algo que no te reporte beneficios. Para actividades comerciales, sí puede haber un cargo mínimo.

En cualquier caso, sí existen los bancos de imágenes gratuitas, que normalmente te pedirán que les cites (bien como pie de imagen, o en una lista o sección dedicada) como origen de las mismas.

También hay otras páginas "serias", como Wikimedia Commons (dependiente de Wikipedia.org) que disponen de amplios catálogos de fotografías, dibujos e incluso contenido multimedia de uso libre, a cambio de la atribución del origen del archivo. Aquí, cada imagen suele indicar el tipo de atribución requerida por el autor original.

¿Otros contenidos?

Los libros electrónicos están evolucionando rápidamente, de manera que ya permiten la inclusión de elementos aparte de los textos y las imágenes: pequeños (o no tan pequeños) *clips* de sonido o incluso videos pueden incrustarse como un contenido más en nuestros libros electrónicos.

De nuevo, deberemos contar con los derechos para incluir esos contenidos en nuestra publicación electrónica.

Edición de los textos

Muy bien, ya tiene tus textos, en múltiples archivos, escritos a manos en libretas, incluso en alguna servilleta del bar de enfrente. Ahora, debes procesarlos, para tenerlos en un único sitio, y en un único documento.

Esto significará que debes introducir todos estos contenidos en tu editor de textos favorito. Puede ser cualquiera, aquí no hay limitaciones.

Por supuesto, hay editores de texto gratuitos. Tu sistema operativo incluirá un editor simple (como **Wordpad**), que puede ser perfectamente suficiente para publicaciones sencillas de "sólo texto".

Si quieres hacer algo más complicado, puedes utilizar editores de texto más complejos, como el *Writer* que se incluye con las *suites* ofimáticas **OpenOffice** y **LibreOffice**. Esta última tiene actualmente un soporte más amplio desde la comunidad de desarrolladores *OpenSource*, de manera que si no tienes ninguna instalada te recomiendo que elijas **LibreOffice**.

Por supuesto, si ya dispones de un editor de texto en tu ordenador y estás habituada/o a trabajar con él, no necesitas cambiar de programa, mientras seas capaz de exportar o guardar los archivos en el formato apropiado.

Influencia del tipo de publicación

Si sólo quieres publicar por internet, para la lectura en libros electrónicos, no debes preocuparte mucho por el formato de tu publicación. La mayoría de lectores electrónicos utilizará su propio tipo de letra, su interlineado, márgenes propios...

Por ese mismo motivo, no debes incluir encabezados ni pies de página (ya que no sabes dónde "empieza" o "acaba" una página determinada, esto depende del lector electrónico). Las notas al pie también suelen dar problemas, así que es mejor evitarlas.

Lo mejor será que generes tus textos lo más "limpios" posible, y los guardes en un formato que no introduzca mucha información en la cabecera del archivo: El formato RTF puede ser el ideal, aunque debes comprobar con las diferentes tiendas online si aceptan ese formato.

En cualquier caso, los formatos DOC (de Microsoft) y ODT (**LibreOffice**) también son perfectamente válidos, si quieres evitar futuros problemas.

Por el contrario, si pretendes publicar en papel, o tienes en mente una composición compleja (como una revista, llena de imágenes, cuadros de texto, decoración...) deberás utilizar un programa de composición o maquetación, que veremos en un apartado posterior.

Para trabajar con programas de maquetación, cuanto más sencillo sea el texto más fácil será trabajar con él posteriormente. Aquí, incluso el formato TXT puede ser la mejor opción.

Como última recomendación, guarda tu texto (o todos los archivos independientes) dentro de una misma carpeta, para evitar problemas de versiones.

Revisión y colaboración

Un apartado que debes considerar (y que suelen pasar por alto la mayoría de autores noveles) es el de la revisión. No importa cuántas veces releas to texto: siempre habrá alguna errata, palabras repetidas, expresiones incorrectas...

La mejor opción es la de dejar que otra persona revise el texto por ti. Es una forma de mirarlo con nuevos ojos, y quizá te sirva incluso para detectar errores de concepto, de línea de tiempo (en el caso de los libros de ficción) o si debes añadir algo más a tu libro.

Por supuesto, esta colaboración se debe realizar en un marco de confianza: No quieres que te roben el libro o la idea principal. Sin embargo, el acudir a familiares o amigos cercanos puede no dar el resultado correcto, si no conocen el tema de tu libro en detalle.

Una opción ideal sería la de buscar autores similares (lo que puede ser bueno más delante de cara a la promoción mutua) e intercambiar libros para hacer correcciones cruzadas. Por supuesto, debes encontrar a estos otros autores, y se debe establecer la relación de confianza.

¿Quién sabe? Quizá a partir de esta revisión cruzada sale una idea para un nuevo libro escrito a medias... No descartes ninguna opción, aunque pueda parecer complicada al principio. En cualquier caso, más adelante en este libro tienes una sección dedicada a la promoción y otra a la protección de tu propiedad intelectual...

Edición de imágenes

Si tu publicación va a incluir imágenes (fotos, gráficas, mapas...) debes intentar que se vean lo mejor posible en el soporte donde tus lectores lo van a leer. De nuevo, tendremos varias opciones, que pasan por el uso de un editor de imágenes.

Dentro de las aplicaciones gratuitas de edición de imagen, puedo recomendarte dos: **GIMP** e **InkScape**.

GIMP es un editor de fotos muy potente, comparable en muchos aspectos al Photoshop de la empresa Adobe. Por supuesto, no dispondrás de las últimas funciones inteligentes y esos filtros "mágicos", pero la mayoría de las ediciones sencillas se realizarán exactamente de la misma manera con **GIMP** – sin ningún coste por tu parte.

Por supuesto, también tienes algunas aplicaciones de costes razonables, como **PaintShop Pro**, que pueden utilizarse perfectamente para esta tarea, sin necesidad de gastar los cientos de Euros que cuesta una licencia de Photoshop.

InkScape, por su parte, es una herramienta de dibujo vectorial (trabaja con elementos matemáticos, no con "mapas de bits", muy similar a programas de pago como CorelDraw! o Adobe Illustrator. De nuevo, es totalmente gratuito, y te permitirá crear elementos (decoraciones, recuadros, gráficos) para incluir en tu publicación.

Influencia del tipo de publicación

De nuevo, deberás editar tus imágenes de una manera concreta según el tipo de publicación que quieras hacer. Si sólo quieres una lectura en pantalla o en dispositivos electrónicos, tus imágenes deberán tener una resolución baja, típicamente 72 ó 96 puntos por pulgada (ppp).

Los editores de texto modernos ya incluyen filtros para importar imágenes en casi cualquier formato. Sin embargo, te recomiendo que trabajes con formatos estándar, como el JPG (para fotos) y el PNG (para gráficos). El formato GIF también puede ser útil, si tu imagen o gráfico tiene pocos colores.

Por el contrario, las publicaciones en papel requerirán una resolución mucho mayor, de unos 300 puntos por pulgada. En este caso, si quieres publicar en papel puedes utilizar también el formato TIFF (que proporciona compresión de datos sin pérdidas), de cara a enviar un PDF "profesional" a una imprenta.

De todas formas, si pretendes generar un archivo PDF desde el mismo documento para su visión en pantalla, quizá sea mejor que evites el formato TIFF, para evitar problemas de compatibilidades con ciertos lectores electrónicos antiguos.

En cualquier caso, con un programa de edición de imagen como GIMP puedes cambiar la resolución efectiva de tus imágenes y el tamaño físico necesario. En las publicaciones electrónicas esto ayudará a mantener el tamaño del archivo final dentro de unos límites razonables.

Ediciones de imagen necesarias

Habitualmente, habrá un par de pasos de edición que realizarás en la mayoría de tus imágenes: el ajuste de contraste y el de brillo y color. Ojo, esto no es necesario en absoluto. Pero puede ayudarte a tener unas imágenes más impactantes para tus lectores, más atractivas a la hora de leer tu publicación.

En algunos casos, puede que también quieras mejorar el enfoque (quizá exagerándolo un poco), para mejorar la visión de las imágenes en dispositivos de baja resolución o con poca gama de colores.

Como siempre, el consejo es no pasarse con la edición, para evitar que se generen contornos irreales o "artefactos" en las imágenes, que pueden darles un aspecto poco profesional. Lo mejor será que compruebes cómo se ve tu libro en diferentes dispositivos.

No te preocupes, no necesitas tener los dispositivos. La mayoría de editores online disponen de herramientas que simulan sus diferentes lectores electrónicos, para que te hagas una idea (¡aproximada!) de cómo se verá tu libro, en la pantalla de tu ordenador.

Por supuesto, hay otras acciones que son recomendables si dispones de un editor de imagen como GIMP. Por ejemplo, puedes recortar las imágenes al tamaño y formato deseado para tu publicación, descartando áreas del margen de la imagen que no te interesen.

También puedes optar por convertir tus imágenes a blanco y negro (muchos dispositivos sólo trabajan con escala de grises), potenciando el color que desees en la versión monocroma para mejorar su visibilidad en los dispositivos de lectura.

Todas estas ediciones son, como ya he dicho, opcionales. Pero quizá quieras probarlas, y ver si marcan una diferencia en tu publicación...

Maquetación

Incluso si trabajas con un editor de texto, hay algunas reglas que debes seguir a la hora de producir un documento de calidad que tus lectores quieran comprar.

Por ejemplo, la mayoría de los libros incluyen una serie de contenidos estándar, necesarios para la publicación (requeridos por los editores). Una página con el título y el autor, otra página con los datos bibliográficos (incluyendo la declaración sobre los derechos de autor). Quizá una página con dedicatorias, o comentarios de una edición anterior.

Debes añadir un índice de contenidos, que permita a tus lectores buscar y encontrar la sección deseada. En el caso de los libros electrónicos, el índice suele incluir únicamente enlaces a los títulos de primer nivel (habitualmente, los capítulos o secciones principales), sin número de página – recuerda que éste depende del lector electrónico y la configuración elegida por el usuario.

Para publicaciones en papel, puede que aún quieras añadir más elementos, como la decoración en el borde de la página, su numeración o páginas especiales entre capítulos (o al final).

La herramienta para diseñar una publicación compleja se denomina software de maquetación o composición (*layout*, en inglés). El estándar actual es el producido por la aplicación Adobe InDesign, de la misma manera que en la década de los 90 del siglo pasado lo fue QuarkXpress.

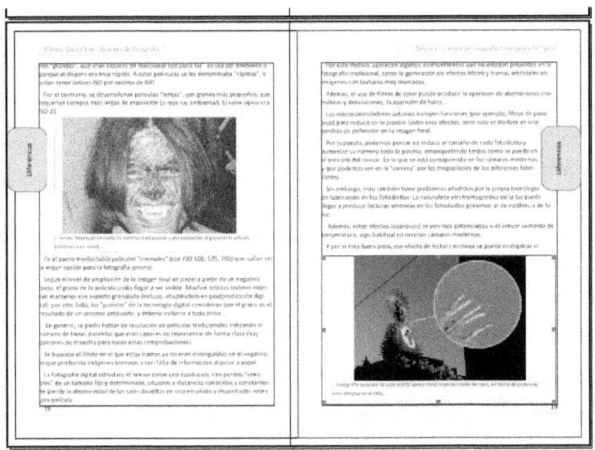

Arriba: una publicación cualquiera puede contener muchos elementos en una página, tanto visibles como no visibles. Fuente: **Publicación Online – hazlo tú mismo**

Pues bien, también dispones de una herramienta gratuita para esta tarea, en este caso denominada **Scribus.** La funcionalidad básica es similar a la de InDesign, permitiendo colocar todos los elementos que desees (cuadros de texto, imágenes, decoración...) con un gran control, aplicando tantos estilos y diseños diferentes como desees en la misma publicación.

El proceso es sencillo (se puede aprender a manejar la aplicación en unas pocas horas), y el resultado que produce es comparable a los archivos de salida de InDesign, incluyendo (en caso de ser necesario) las sangrías y las marcas para imprenta, por ejemplo.

Además, Scribus tiene una herramienta que hace una comprobación básica de los requisitos habituales de las imprentas (elementos dentro de los márgenes, imágenes con alta resolución, cuadros de texto mostrando todo el contenido, etc.) de manera que puedes corregir ciertos fallos antes de enviar tu archivo al editor.

Archivo de salida

Da igual que trabajes con el procesador de textos o con el programa de maquetación; al final debes producir un archivo válido que puedas enviar a tu editor para su publicación y venta.

En el caso de los libros electrónicos, la mayoría de tiendas online e integradores ya aceptarán archivos en formato DOC o ODT. Idealmente, deberás subir un archivo de libro electrónico, ya sea en formato .mobi (para Amazon) o en formato .epub (para casi todos los demás).

Ambos formatos se pueden generar a partir del archivo de texto y la imagen de portada con programas (de nuevo gratuitos) como **Calibre**. Este programa permite también editar ciertos datos del archivo, que después serán accesibles desde el lector electrónico. Por ejemplo, puedes añadir la información del autor, la fecha de publicación, el idioma...

En el caso de los archivos para imprenta, en la actualidad el formato más extendido para impresión bajo demanda es el PDF, que ha desplazado al EPS en labores de imprenta.

A la hora de guardar tu archivo PDF, debes asegurarte de que la resolución de las imágenes es de al menos 300 puntos por pulgada, como ya he indicado anteriormente. Esto hará que se vean correctamente sobre el papel.

La portada

Si quieres vender un libro, uno de los puntos que debes cuidar es el de la portada.

Por supuesto, una vez más, depende del tipo de libro o publicación que estés preparando (si es un libro técnico o una novela de terror...). La portada debe ser capaz de hacer que tu libro resalte sobre los demás, ya sea en una estantería o en una lista en tu web favorita.

Si sólo te planteas la venta por Internet, debes intentar que el título sea legible incluso en la miniatura, para que tus lectores lleguen a tu libro al primer vistazo.

En cualquier caso, la mayoría de editores requiere que la portada sea un archivo separado, ya sea un PDF (habitual para imprenta, incluyendo la contraportada y el lomo, en su caso) o una imagen en JPG (suficiente para tiendas *online*.

De nuevo, la portada para una edición en papel requerirá algo más de esfuerzo por tu parte, y una planificación más cuidada. Típicamente, las imprentas (incluso las que trabajan bajo demanda) requerirán un espacio para colocar un código de barras (del número ISBN)

Imprenta

Como ya he insinuado en secciones anteriores, los archivos que debemos enviar a una imprenta son más complejos que la "simple" portada que podemos crear para nuestro libro. Hay que tener en cuenta ciertas consideraciones.

Por ejemplo, la mayoría de imprentas bajo demanda exigen un espacio en blanco en una posición determinada, para colocar el número ISBN. Lo hacen así para poder procesar el libro en su sistema logístico, y no suelen permitir desviaciones respecto de esa norma Además, si tu portada incluye una imagen en toda la superficie suele exigir que la imagen en sí misma sobresalga del tamaño final del libro (la llamada sangría) para *esconder* pequeños errores en la encuadernación y el corte.

El diseño del lomo puede ser crítico también, si tu libro tiene un número reducido de páginas (menos de cien). En ese caso, la misma tolerancia exigida para el corte de la tapa obliga a tener un margen en este lomo, lo que no deja espacio para su contenido (por ejemplo, el título y el autor).

Arriba: Ejemplo de archivo de portada incluyendo la contraportada. Nota que no hay contenido en el lomo, debido al reducido número de páginas.

Una buena práctica es la de diseñar la portada para imprenta (en alta resolución) con tu programa favorito, ya sea **GIMP** (imagen), **InkScape** (gráficos vectoriales) o **Scribus** (maquetación). Según sea la idea que tienes de la portada, podrás utilizar uno u otro. Entonces, guardas la portada como PDF, y de ahí extraes una imagen en JPG o PNG de la portada frontal únicamente, de cara a la publicación por internet.

Esto reducirá el tiempo de diseño, al no tener que diseñar dos portadas diferentes. Además, algunas tiendas (como Amazon) permiten vender libros tanto en formato electrónico como en papel y siempre da una buena impresión ver que ambos formatos tienen la misma portada...

Publicación

Una vez que tienes tu archivo o archivos digitales, es el momento de trabajar con las diferentes empresas online. Una búsqueda rápida en Internet dará lugar a múltiples empresas que se encargarán de publicar y vender tu libro electrónico o, en su caso, imprimirlo bajo demanda para el caso de ventas en papel.

Aquí puedes ver una lista breve de los principales editores en línea:

- **Amazon**, empresa americana con presencia mundial y tiendas locales en varios países de Europa y Asia. Tienen su formato de archivo propio (mobi) y lectores electrónicos con la marca Kindle. Es la tienda de referencia, y muchos editores te darán la posibilidad de vender también a través de Amazon.
- **GooglePlay,** te permite la venta de libros electrónicos para su lectura en cualquier dispositivo con el sistema operativo Android.
- **iTunes,** de la empresa Apple, orientada a sus dispositivos propietarios, tanto ordenadores como teléfonos móviles y *tablets.*
- **Scribd.,** empresa canadiense especializada en la distribución de archivos en PDF y epub
- **CreateSpace,** dependiente de Amazon y dedicada a la impresión bajo demanda. Sus precios de impresión en blanco y negro son muy competitivos.
- **Blurb,** especializados en impresión de libros de alta calidad (por ejemplo, de fotografía), sus precios son elevados pero razonables, por la calidad que proporcionan.

La mayoría de editores en línea disponen también de un lector web, de manera que puedes acceder a tu biblioteca de libros comprados desde un ordenador personal. Por supuesto, encontrarás muchos más editores en Internet, algunos de ellos locales en tu país o específicos para tu idioma. La empresa **Tolino**, por ejemplo, distribuye libros electrónicos en alemán para los mercados alemán, austríaco y suizo.

Integradores

El hecho de que cada editor en línea requiera los documentos con ligeras diferencias causa algunos problemas a los escritores "de a pie" que simplemente quieren ver sus libros publicados. El proceso de registro y subida de los archivos electrónicos (y el posterior cobro de royalties) en cada portal online puede ser un trabajo muy pesado...

De esta manera, están surgiendo empresas en Internet llamadas "integradores", que actúan como intermediarios entre los autores y los diferentes portales de venta en línea. Entre ellos, destacar dos:

- **Draft2Digital,** trabajan con iTunes, Scribd, Barnes&Noble, Kobo, Page Foundry, Nook y Tolino
- **XinXii,** que intenta cubrir el mercado germano-hablante (cubriendo Hugendubel, Weltbild, Thalia, Bucher.de...) junto con otras tiendas, quizá no menos conocidas, como e-Sentral o Flipkart.En España, trabajan con Casa del Libro.

En cualquier caso, cada día aparecen nuevas empresas, tanto editores como integradores. Dependiendo del tipo de publicación que estés preparando, puedes encontrar editores específicos que te ayudarán a ganar visibilidad en un público concreto. Aquí, sólo te queda hacer un poco de investigación por Internet...

> *Nota: tienes una lista más extensa en el libro "Publicación Online – hazlo tú mismo". Tienes la referencia al final de este libro.*

Proceso de publicación

El proceso de publicación es muy parecido para todos los editores e integradores.

Después de un registro en su web, debes crear un nuevo proyecto, en el que introduces toda la información bibliográfica. Aquí puedes listar a todos los colaboradores (coautores, ilustradores, editores...) incluyendo cualquier seudónimo que quieras utilizar. Al menos, deberás indicar una categoría para tu publicación, de manera que las diferentes tiendas puedan clasificar tu libro y ofrecerlo a los clientes que estén buscando ese tipo de contenido.

Entonces, deberás subir los archivos (texto y portada), que típicamente pasarán por una revisión por parte del editor o integrador. Algunos de ellos te ofrecerán asignar un ISBN que haga referencia a su empresa (es una forma de ganar visibilidad para ellos). Otras, te permitirán que utilices tu propio ISBN, que debes contratar (y pagar) por separado.

Finalmente, deberás fijar un precio para tu publicación. En todas las tiendas online o páginas de integradores, tendrás unos conceptos similares, pero deberás tener cuidado en cada una para definir realmente el beneficio que buscas.

Así, lo normal es que esas empresas te presenten la siguiente información:

- **Cómo tratan el IVA:** Algunas empresas lo añadirán al precio de venta que fijes; en Europa, habitualmente el precio que fijas debe incluir el IVA, por lo que el neto de la venta es menor.
- **Costes de fabricación:** Para el caso de impresión en papel, es el coste de los materiales y la producción en sí misma. Para el caso de los ebooks, algunas empresas cobran una cantidad por cada "mega" de tamaño del archivo, que tiene impacto en su servidor y en la transferencia al comprador final.
- **El beneficio de la empresa,** que suele ser un porcentaje fijo del precio de venta que fijas.
- **Tu comisión (royalties),** que básicamente es el precio de venta menos todo lo anterior.

En el caso de los libros electrónicos, tu parte depende de muchos factores y del editor o integrador concreto. Puede oscilar entre el 35% (Amazon, opción sin recargo por envío del libro electrónico) y el 70% (Amazon, con recargo por envío). GooglePlay, por ejemplo, te ofrece una tasa fija del 52% del precio de venta.

Para la impresión en papel, hay un posible apartado más, el correspondiente a la librería física, si quieres que haya una distribución "de verdad", en la tienda de tu barrio. Ojo, esto normalmente NO sucede, pero tu tienda local tendrá acceso a tu libro en sus bases de datos y podrá pedirlos al editor.

El principal problema en la impresión bajo demanda es que las comisiones son muy elevadas (la tienda física puede pedir hasta el 60%, para poder hacer promociones y rebajas), lo que te obliga a fijar precios de partida muy altos para conseguir unos royalties mínimos. Por eso, mucha gente opta por no entrar en el sistema de distribución extendida.

Impuestos...

Por supuesto, a partir de un cierto nivel de ingresos tu gobierno estará muy interesado en cobrarte impuestos. Normalmente, esto debes indicarlo en tu declaración anual, y la retención dependerá del sistema que haya en tu país.

En el caso de que trabajes con editores, impresores o integradores en el extranjero, puede darse el caso de que te hagan una primera retención en su país – al fin y al cabo, si vendes les estás generando beneficios a ellos en ese país.

Si ese es el caso, habitualmente tienes que hacer dos cosas:

- Solicitar que no te hagan la retención (o que la reduzcan) como residente en el extranjero. Por ejemplo, para USA esto se hace mediante la presentación de un número ITIN con el formulario W8-BEN.
- Solicitar un informe fiscal anual, que puedes utilizar (con suerte) para reducir los impuestos que deberás pagar en tu país, evitando la doble tasación.

Registra tu obra

Una vez tienes la obra publicada (y quizá antes de hacer el clic final que la pondrá a la venta) quizá quieras proteger tu autoría.

El proceso también depende del país en el que te encuentres, y está evolucionando. Hasta hace poco, implicaba llevar dos o tres copias físicas a una biblioteca nacional y hacer el registro en persona (en países como Alemania, este procedimiento aún se utiliza).

En la actualidad, estos procesos se pueden realizar por Internet, subiendo el archivo PDF o el libro electrónico a webs como la de la empresa Safe Creative, que te propone diferentes planes de registro (el paquete básico es gratuito, hasta diez libros).

En cualquier caso, también es recomendable que indiques, en la página de información bibliográfica, qué tipo de protección de datos propones para tu obra: Si será un texto de uso público, o si te reservas el derecho de autorizar su copia o posterior reutilización, ya sea total o parcialmente. Mira la segunda página de este libro como ejemplo.

Financiación

Un punto que puede resultarte interesante puede ser el de la financiación.

Hasta aquí, hemos visto que todos los pasos necesarios para la edición y la publicación en línea puedes realizarlos con software gratuito, de manera que la única inversión que haces es la de tu tiempo y la de la conexión a Internet de que dispongas.

Sin embargo, en el caso de algunas publicaciones concretas puede que el precio de venta final resulte muy caro, y veas difícil la venta a tus potenciales lectores. Puede ser el caso de un libro que incluya un CD o DVD con software o ejemplos de muestra, o bien un libro de fotografía impreso con calidad muy alta y encuadernado en tapas duras.

O bien planteas hacer una primera tirada "privada", que regalarás a tus amigos, venderás desde tu tienda online o bien en el evento que ha organizado tu amigo en su bar.

En cualquier caso, puedes considerar la opción de la financiación colectiva (*crowdfunding*), mediante la que puedes recoger una aportación simbólica de un grupo de personas a cambio de diferentes cosas: desde incluir su nombre en los agradecimientos del libro hasta conseguir una primera edición firmada de tu libro.

En Internet tienes gran cantidad de opciones para esta financiación colectiva, algunas incluso orientadas a la creación artística y literaria. Al final de este libro, en la sección de enlaces útiles, podrás ver algunos ejemplos. Revísalos, quizá encuentres una opción que se ajuste a tu idea.

Promoción

Una vez has seguido todos los pasos anteriores, y después de la revisión y aprobación de tu libro por parte del editor o integrador, tu libro ya estará publicado, y en unos días accesible en las respectivas tiendas online.

¡Enhorabuena, tienes un libro publicado!

Pero esto no acaba aquí. Amazon tiene, en su tienda española, casi cuatro millones de libros electrónicos. ¿Por qué debería venderse el tuyo? ¿Y cómo pueden encontrarlo tus potenciales lectores? ¿Esperas que la tienda haga promoción de tus libros, dándote prioridad sobre sus libros más vendidos?

Claramente, debes invertir algo de tiempo en la promoción de tu obra, para darla a conocer. Aquí, casi todo vale, dentro de un marco de "juego justo" con tus competidores e intentando no ahogar a familia y amigos con tus mensajes. Hay muchas cosas que puedes hacer:

- **Crear una página de autor,** para darte a conocer. Esto es bueno si tienes varios libros, ya que puedes centralizar toda tu información allí.
- **Si sabes cómo hacerlo (o puedes contratarlo) crea tu propia tienda online.** Puede ser un buen recurso para obtener beneficio de tus libros en papel, eliminando parte de las comisiones de las tiendas en línea o las librerías. Alternativamente, puedes utilizar plataformas como Etsy.com.
- **Crear una página específica para tu libro,** si sólo tienes uno o el tema te permite añadir contenidos.
- **Crear un blog,** quizá dentro de la página de autor, donde vayas contando tu progreso con las ventas (si quieres) y las nuevas publicaciones que tengas en marcha.
- **Crear una página en Facebook** (ojo, no un perfil personal) para que tus seguidores te tengan "a mano" en tu día a día.
- **Crear perfiles en otras redes sociales** (Google+, Twitter, Pinterest...) en las que te sientas cómodo, de nuevo para mantener a tus lectores informados de tus progresos y actividades.
- **Participa en foros por internet,** tanto generales como especializados en el tema de tu libro
- **"Mueve" a tus seguidores mediante sorteos de libros (firmados) en papel,** tal y como permiten webs como Amazon y Goodreads
- **Haz promoción activa en persona,** quizá en la biblioteca de tu barrio o en el bar de ese amigo.
- **Colabora con otros escritores,** tal y como he comentado anteriormente, participando en sus revisiones y actividades (y dejando que revisen tu trabajo).
- **Crea tus propios "book trailers",** videos que presentan tu libro y se pueden distribuir desde YouTube, por ejemplo.
- **Contrata una campaña de publicidad en Internet,** por ejemplo con Google AdWords o Facebook. Por una cantidad razonable (unos 50€) mostrarán tu anuncio a un público seleccionado por ti (sexo, edad, etc.) un número total de veces (por ejemplo, mil) determinado.

No es necesario que hagas todas las actividades indicadas arriba. Debes decidir, para tu caso y el tipo de publicación, cuáles pueden darte un mejor resultado.

Conclusiones

En la actualidad, cualquier persona con acceso a un ordenador normal (no es necesaria una computadora de última generación) puede ser capaz de publicar por Internet. Por tanto, tú también.

Este libro ha pretendido presentarte los diferentes pasos que debes seguir de cara a la publicación de tu propio libro. Lo más importante, todos los pasos que requieren de esa edición por ordenador pueden realizarse utilizando *software* gratuito. No debes hacer ninguna inversión para ver tu libro publicado, salvo tu tiempo y el coste de una conexión a Internet para enviar los archivos al editor.

Si tienes un contenido interesante y eres capaz de transmitirlo de la manera adecuada, puedes tener entre tus manos el siguiente superventas, o al menos una publicación de la que te sentirás orgulloso. Créeme, la primera vez que tienes tu libro físico en tus manos es un momento muy especial.

Además, las posibilidades de vender tu libro por internet (también, de manera gratuita para ti) te abren la posibilidad de obtener beneficios de tu actividad creativa. Si todo va bien, puede ser una segunda fuente de ingresos – o incluso la primera. Y recuerda que casi no tienes costes de partida.

Espero que este libro te haya resultado interesante y útil. Si quieres profundizar en algunos de los aspectos citados aquí, quizá encuentres más información útil en mis otros libros, cuya referencia puedes ver al final de este.

Finalmente, si te gusta escribir, hazlo. No lo dejes. Con el tiempo, tu estilo mejorará y serás capaz de producir mejores libros. Recuerda que esto es una carrera de fondo, y no te harás rico de la noche a la mañana. Disfruta el camino...

Múnich, Septiembre de 2015

Enlaces de interés

> **Nota**: *La lista que se presenta aquí está extraída del libro "**Publicación Online – Hazlo tú mismo**", del mismo autor.*

Software de edición y maquetación

- Calibre – calibre-ebook.com
- GIMP – www.gimp.org
- InkScape – www.inkscape.org
- LibreOffice – www.libreoffice.org
- • OpenOffice – www.openoffice.org
- Scribus – www.scribus.net
- Sigil - http://code.google.com/p/sigil/

Editores

- Amazon – kdp.amazon.com
- BoD (Books on Demand) – www.bod.de
- Bubok – www.bubok.com
- Casa del Libro – www.casadellibro.com
- CreateSpace – www.createspace.com
- Draft2Digital – www.draft2digital.com
- GooglePlay – play.google.com
- iTunesconnect - https://itunesconnect.apple.com/WebObjects/iTunesConnect.woa
- IngramSpark - https://www1.ingramspark.com/Portal
- Kobo Writing Life - http://www.kobo.com/writinglife
- Lulu – www.lulu.com
- NookPress – www.nookpress.com
- Pubit! – www.pubit.com
- SmashWords – www.smashwords.com
- WattPad – www.wattpad.com

Editores alternativos y publicación gratuita

- BiblioEteca - http://www.biblioeteca.com/
- Biblioteca Digital Hispánica: http://www.bne.es/es/Catalogos/BibliotecaDigital
- Open Library - http://openlibrary.org/
- Proyecto Gutemberg - http://www.gutenberg.org/browse/languages/es
- The Internet Archive - https://archive.org/details/text

Financiación colectiva – crowdfunding

- CrowdFunder – www.crowdfunder.co.uk
- CrowdTilt – www.crowdtilt.com

Minilibros prácticos

- FundAnything – http://www.fundanything.com/
- IndieGoGo – http://www.indiegogo.com/
- Kickstarter – www.kickstarter.com
- Lanzanos – www.lanzanos.com
- Pozible - http://www.pozible.com.au/
- StartNext – www.startnext.de
- Verkami – www.verkami.com

Otros enlaces...

- Etsy – www.etsy.com
- IRS – www.irs.gov
- SafeCreative – http://es.safecreative.net
- Goodreads – www.goodreads.com
- Blog del autor – http://albertog.over-blog.es
- Página del autor – www.agbdesign.es
- YouTube – www.youtube.com
- Vimeo – www.vimeo.com

Alberto García Briz

Publica tus libros con Word para Mac OSX:

Crea tus libros para publicación electrónica y en papel

Minilibro práctico Nº2: Publica tus libros con Word para Mac OSX. Crea tus libros para publicación electrónica y en papel

Bienvenida

Muchas gracias por descargar este libro electrónico. Mi intención es la de ayudarte a publicar tus libros a través de Internet, y ponerlos a disposición del público.

No te prometo que te vayas a hacer rico por leer esto – pero espero que este libro te sea de utilidad para conseguir una publicación de calidad que proporcione una experiencia agradable a tus lectores, de manera que vuelvan a buscar más contenidos tuyos.

Si este libro te ha parecido útil, te agradeceré que dejes tu opinión en la tienda donde lo obtuviste – eso ayuda a mejorar su visibilidad, y me permite seguir publicando de manera independiente nuevas guías prácticas sobre diferentes temas y aplicaciones.

Si estás interesado en mis últimas novedades, te sugiero que también visites periódicamente mi página web en la dirección http://libros.agbdesign.es, donde voy actualizando el estado de mis nuevas publicaciones y trabajos en marcha, junto con algunos artículos de opinión o de técnicas útiles.

Introducción

Desde agosto de 2012 he publicado una docena de libros a nivel personal (sin ningún editor de por medio), tanto en formato electrónico como en papel. Si así lo deseas, puedes ver una lista de algunos de ellos al final de este ebook.

A pesar de tener ya ciertos conocimientos previos sobre maquetación y edición, tuve que aprender, a fuerza de golpes, el proceso *correcto* para conseguir que mis publicaciones tuviesen el nivel de calidad deseado. Con el tiempo, conseguí crear mi "flujo de trabajo" propio, para lanzar mis publicaciones en un tiempo mínimo desde la finalización del contenido.

Ese motivo, junto con mi espíritu algo "*geek*", me hizo probar diferentes programas y sistemas operativos. Hoy en día, trabajo tanto en Windows como en Mac OSX, principalmente con herramientas *OpenSource* a lo largo de todo "mi" proceso editorial.

La única excepción, en mi caso, es el uso más o menos habitual del programa Word para la creación de mis textos – al menos del contenido de partida: en muchas ocasiones, mi siguiente paso es una composición más elaborada con el Software de maquetación o composición Scribus (Similar a Adobe InDesign pero completamente gratuito, al ser *OpenSource*). Para la edición de mis textos también utilizo LibreOffice, pero menos frecuentemente.

A lo largo de estos años he participado activamente en diferentes foros de autores, sobre todo en el disponible en el portal de autores de Amazon, denominado KDP (del inglés *Kindle Direct Publishing*, publicación directa para Kindle). En esos foros he visto gran cantidad de preguntas acerca de pequeños detalles sobre el proceso de creación y formato de libros electrónicos (y más recientemente en papel, desde la integración, a mediados de 2018, de CreateSpace, que era la filial de Amazon para la impresión bajo demanda), y he intentado contestar y ayudar hasta donde me permitían mis conocimientos.

De hecho, en ese portal de Amazon se discuten (aunque a veces de manera disimulada, para no levantar las sospechas de los administradores del foro) también cuestiones sobre otros editores y tiendas online, cuyo soporte en línea para autores es más limitado (o sin la gran cantidad de autores independientes, que se ayuden entre ellos), y sin la disponibilidad de un foro similar.

Pero también sé que hay muchos autores que no conocen la existencia de ese foro, o bien no se atreven a preguntar. Ese es el motivo por el que me he decidido a publicar esta pequeña guía, intentando que mi recopilación de consejos alcance y ayude al mayor número de personas posibles. Espero que también sea así en tu caso. SI descubres un par de consejos o trucos útiles nuevos en este libro, me sentiré satisfecho. Y si echas algo en falta, no tienes más que decirlo e intentaré incluirlo en la siguiente edición...

En este caso, el libro está centrado, sobre todo, en la versión del programa Word 2013 de la empresa Microsoft para MacOSX, aunque la práctica mayoría de consejos se pueden aplicar a las respectivas versiones para el sistema operativo Windows.

Uno de los principales problemas de este programa es el cambio periódico en su interfaz, que (desde esta versión 2013) está eliminando los menús tradicionales en favor de la "cinta" de iconos y botones, pero además su localización varía entre sistemas operativos... Puedes encontrarte con que algunas de las acciones que indico en este libro se realizan de una manera ligeramente distinta en "tu" versión de Word (ya sea 365, o bien 2016, por ejemplo).

No obstante, la versión para Mac OSX mantiene los menús de texto en la barra superior, para presentar una utilización similar a la del resto de aplicaciones sobre el mismo sistema operativo. Es uno de los motivos por los que, todavía, no están todos los comandos integrados en la cinta superior de los programas de la *suite Office* de Microsoft para este.

En este punto, podrías preguntarte ¿Por qué no utilizar la aplicación "Books" integrada con mi sistema operativo Mac OSX? Pues bien, aunque esta aplicación te asegura un resultado óptimo para publicar tus libros en formato electrónico en la tienda de Apple, también limita tu público potencial a los usuarios de dispositivos de esa marca (iPhones, iPads...). Al utilizar Word, consigues producir un documento que será aceptado en múltiples tiendas online, lo que te permitirá llegar a un mayor número de (potenciales) lectores.

De todas formas, la mayoría de las explicaciones de este libro se pueden adaptar a la interfaz de Word para Windows (o a nuevas versiones para Mac OSX), con pequeños cambios en la localización de los diferentes comandos u opciones.

En lo referente al diseño de un libro para su publicación en papel me he centrado en KDP, la editorial para autores independientes de Amazon (que sustituyó, como he comentado, progresivamente a CreateSpace a mediados de 2018). De todas formas, la mayoría de las consideraciones se podrán aplicar a otras imprentas, con cambios mínimos.

Una nota importante: Estoy trabajando en un "gemelo" de este libro, dedicado al mismo proceso de edición, pero utilizando el programa *Writer* disponible en la suite *LibreOffice*. Si utilizas este Software, verás que hay ciertos pasos que son diferentes, por lo que debes tener cuidado en tu edición.

En cualquier caso, este libro pretende ser una guía rápida: entiendo que ya sabes manejar Word como herramienta para crear tus textos. Por tanto, no esperes encontrar aquí descripciones de cómo trabajar con archivos, o cómo copiar-y-pegar.

Por cierto, este libro está creado con Word 2013 para Mac OSX. ¿Qué te parece?

Diferencias entre un libro electrónico y un libro en papel

Aunque estos dos soportes distintos cumplen con la misma función de representar el texto para que el usuario pueda leerlo, lo hacen de dos formas completamente diferentes, que deberás tener en cuenta a la hora de dar formato a tu texto.

Los dispositivos lectores de libros electrónicos muestran el texto como un flujo continuo de caracteres (de manera similar a los visores de archivos y páginas web HTML y XML, en general), ajustando el contenido a las preferencias del usuario. Habitualmente, el lector puede definir el tamaño de la letra y el margen de pantalla preferidos. En algunos casos, también se podrán definir otros parámetros, como el interlineado y el tipo de letra.

Como resultado, ese flujo de caracteres en pantalla se puede representar de formas muy diferentes en dos dispositivos distintos, y no tiene sentido una definición "fija" o "estática" de lo que es una línea o página de tu libro: Cada lector verá las páginas de una manera personalizada.

Entonces, no tiene sentido que intentes añadir encabezados o pies de página a tu *ebook*. Y olvídate también de la numeración de las páginas: El lector la asignará automáticamente. Por supuesto, y como veremos después, no debes utilizar múltiples saltos de línea para cambiar de página, de sección o de capítulo – el resultado puede ser horroroso en un dispositivo concreto. En el peor de los casos, el usuario se puede encontrar con varias páginas en blanco.

Por tanto, cuando preparemos un libro electrónico, buscaremos la sencillez en el formato, dejando parte de la responsabilidad de esta representación *visual* al dispositivo. De esta forma aseguraremos que una mayoría de dispositivos sean compatibles con nuestro archivo, y capaces de proporcionar una experiencia de lectura agradable para el lector.

En cualquier caso, los libros electrónicos no son un simple texto. Deben incluir cierta información añadida, como puede ser la información bibliográfica y de derechos de autor, dedicatorias, prólogos (en ocasiones, de terceras personas) y diferentes anexos al final. Puedes comprobar la existencia de parte de esta información complementaria en este libro, por ejemplo.

Esta información añadida aumentará el número de páginas efectivas de tu publicación, algo a tener en cuenta de cara al "peso" del archivo (es un parámetro utilizado por algunos editores en Internet) en *kilobytes*.

A ese "peso" del archivo también contribuirá, en su versión "epub", la imagen de la portada – pero este paso lo haremos habitualmente con un programa externo, como el gratuito Calibre, y no lo trataremos en este libro.

Por su parte, los libros en papel deben seguir unas ciertas reglas añadidas; algunas de ellas están relacionadas con el lector final, y otras con el proceso mismo de la impresión.

Partiendo de un tamaño de página determinado (preferencia del autor, pero sujeto a la disponibilidad de ese tamaño en la imprenta), se deben definir unos márgenes útiles, que permitan sujetar el libro sin tapar el texto con los dedos, por ejemplo. El margen interior suele ser algo mayor, para facilitar la lectura del texto más cercano al lomo sin forzar demasiado la encuadernación.

Dentro de esos márgenes, deberás colocar el texto junto con los elementos citados anteriormente (encabezados, pies de página, etc.), si los necesitas. Habitualmente, el texto ocupará la mayor parte de la superficie útil (como es lógico), pero hay otro motivo para mantener todo el contenido dentro de los márgenes.

Y es que las imprentas trabajan con ciertas tolerancias en sus procesos de impresión, doblado y encuadernado, por lo que no pueden asegurarte al cien por cien que tu contenido será visible si lo colocas muy cerca del borde. En algunos casos, podrías verlo cortado por el proceso final de guillotinado o corte del libro al tamaño deseado.

El tipo de letra (fuente) también será importante en un libro en papel. Mientras que el dispositivo electrónico puede no darte muchas opciones, tienes un control total sobre cómo quieres representar el texto en un libro físico. Las imprentas tradicionales sugerían el uso de tipos de letra con *serif* (decoración), ya que este permitía una lectura más fluida. Pero, con la cantidad de tipos de letra diferentes disponibles en la actualidad, la elección es mucho más personal.

De la misma manera que lo haré posteriormente a lo largo de este libro, te recomiendo el uso de fuentes o tipos de letra *OpenSource,* con los que evitas el pago de cualquier tipo de *royalty* al desarrollador de estas. Por supuesto, también puedes utilizar perfectamente las que tienes disponibles en tu sistema operativo, pero te conviene consultar si están sujetas a algún tipo de pago para usos comerciales.

Por ejemplo, en la dirección http://fonts.google.com puedes encontrar una gran variedad de familias de fuentes OpenSource (mira la siguiente imagen como ejemplo), con un buscador según el tipo y la cantidad de estilos incluidos de forma nativa, con los archivos de fuentes listos para descargar y utilizar en tu publicación.

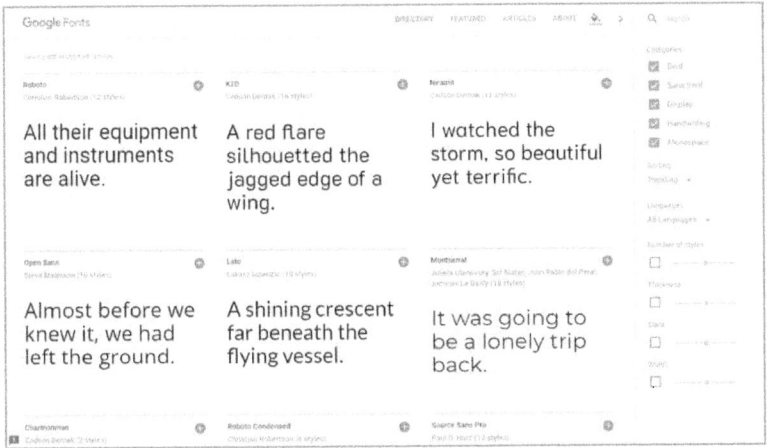

Si haces una sencilla búsqueda en Internet, encontrarás gran cantidad de páginas con contenidos similares. Depende de ti el tiempo que quieras —o puedas— dedicar a esta búsqueda.

En una sección posterior veremos cómo sacar partido a los tipos de letra de una manera automatizada en las composiciones para impresión en papel, mediante los estilos de texto.

Preparación de tu libro

Claramente, el primer paso para la edición y el formato de tu libro será el de tenerlo acabado, al menos en un primer borrador. Si la extensión de tu libro es razonable (digamos, hasta unas cien mil palabras, o quizá ciento cincuenta mil), intenta tenerlo todo en un único fichero de Word. Esto te facilitará todas las ediciones posteriores, para conseguir un estilo uniforme en toda la publicación.

Por supuesto, puedes trabajar en otros programas. Quizá escribas algunas ideas de camino al trabajo en tu móvil con Android, o bien te guste editarlas en las Notas de tu iPad mientras te tomas un café en esa terraza cerca de casa. Pero, al final, deberás tener todo el texto (copiado, pegado y ordenado...) en un único sitio: Tu archivo DOCX en Word.

El formato DOC es el original de Word, y tiene algunos inconvenientes en la edición avanzada. Siempre que sea posible, trabaja con el nuevo formato DOCX, para asegurarte la mayor compatibilidad con las tiendas en Internet.

El tener tu libro "completo" en un único archivo te permitirá crear diferentes versiones finales para el mismo contenido. En este libro, veremos cómo crear un archivo para publicación electrónica y después otro para su publicación en papel, en plataformas de impresión bajo demanda, derivado del primero.

Si no las has insertado todavía, deberías copiar las imágenes que quieras incluir en el texto a una carpeta dedicada (idealmente, copias de estas imágenes, para evitar pérdidas). Y lo mismo para cualquier otro tipo de contenido: gráficos, notas al pie...

Edición de un libro electrónico

Muy bien, has acabado el contenido de tu libro, y ahora quieres darle formato para publicarlo de manera electrónica. El primer paso será asignar estilos de letra básicos al texto, por ejemplo, para diferenciar las secciones o capítulos de tu libro.

Recuerda siempre trabajar sobre una copia del archivo original, por si pierdes el contenido en algún paso de la edición. Y tampoco está de más hacer copias periódicas (quizá con la fecha como parte del nombre), por si quieres recuperar contenidos descartados en algún momento.

Antes de comenzar, te sugiero que elimines todos los posibles estilos que has aplicado en tu libro, para empezar con una copia "limpia" de tu texto. Para hacer esto, puedes seleccionar todo (Ctrl + A, o bien Comando + A o ⌘+A en Mac OSX) y seleccionar el comando "Edición – Borrar – Borrar formato": Esto aplicará el estilo "Normal" a todo el texto.

Por supuesto, este es un paso voluntario y puedes realizarlo a secciones concretas del texto. Es sólo una propuesta.

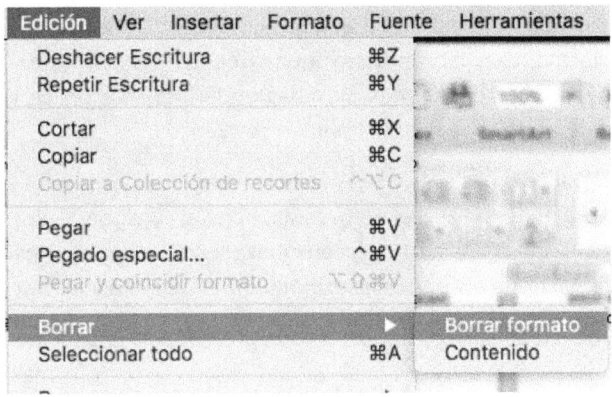

Asignación de estilos

Word tiene una lista (en realidad, varias) de estilos predefinidos. Es muy recomendable utilizar el sistema de estilos integrados, de manera que todas las secciones de tu libro tengan el mismo aspecto visual.

Además, Word te permitirá modificar cada uno de esos estilos independientemente del texto en el que estés trabajando, aplicando esos cambios a todo tu libro: No tendrás que hacerlo manualmente, algo que se agradece en publicaciones con una gran extensión.

Incluso podrás guardar los ajustes de un conjunto de estilos a la vez (por ejemplo, una serie de ajustes para tus libros de ficción), de manera que puedas recuperarlos y aplicarlos a una publicación nueva, para que tenga el mismo aspecto visual.

Habitualmente utilizarás, al menos, tres estilos diferentes:

- **Título**, suele tener un tamaño muy grande por defecto, con alineación centrada o ajustada. Las tiendas online lo buscarán cuando subas tu archivo, para comprobar que coincide con la información que introduces en el proceso de registro de tu publicación.
- **Encabezado 1**, para comenzar nuevas secciones o capítulos. Suele ser de mayor tamaño que el texto del cuerpo, para permitir la separación visual de los contenidos.
- **Normal**, para el cuerpo del texto. Puede utilizar la misma familia de fuentes que el Encabezado 1, o bien una completamente diferente. Si

has echado un ojo a la página de fuentes de Google indicada anteriormente, habrás visto que Google te propone diferentes combinaciones de fuentes, basadas en la información de su uso por parte de otros usuarios. Es un buen comienzo...

Por lo general (y si has seguido las indicaciones anteriores para eliminar el estilo), todo tu texto se verá en estilo normal, y debes seleccionar los contenidos específicos (títulos, encabezados...) y asignarles el estilo concreto a partir de las opciones disponibles en la cinta superior.

El motivo de hacer esto, y no asignar cada propiedad a cada texto individual paso a paso, es que Word inserta, además, cierta información en el documento (que desde hace unos años está basado en una estructura XML) para que los dispositivos asignen "sus" estilos propios, independientemente de los de tu documento DOCX.

En realidad, estas "etiquetas XML", marcarán la posición de estos encabezados a lo largo del texto, y asignarán los diferentes estilos dentro de una definición genérica "CSS". Esto será muy útil, por ejemplo, a la hora de crear el índice automático, como veremos más adelante.

No tienes que preocuparte de estos detalles: Tanto Word, como tu tienda en línea y el dispositivo de lectura, harán todo por ti.

Así que con tu texto abierto en Word debes ir a cada nueva sección o capítulo, seleccionar el texto correspondiente y hacer click en el botón "Título 1" dentro de las opciones disponibles en la cinta superior. Como puedes ver en la imagen siguiente, mientras tengas el texto seleccionado podrás ver qué estilo tiene asignado.

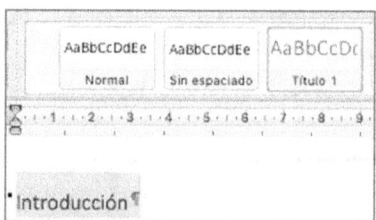

Por supuesto, si tienes niveles inferiores de títulos también deberás ir asignando los diferentes estilos a cada título de sección o subsección.

Modificación de los estilos

Una vez más, es recomendable trabajar siempre mediante los botones e iconos disponibles en la cinta superior de Word. Si quieres cambiar un estilo en tu texto para tu libro (por ejemplo, el color del Título 1), puedes hacer clic con el botón derecho del ratón sobre ese botón de la cinta, y elegir la opción "Modificar..." del menú contextual:

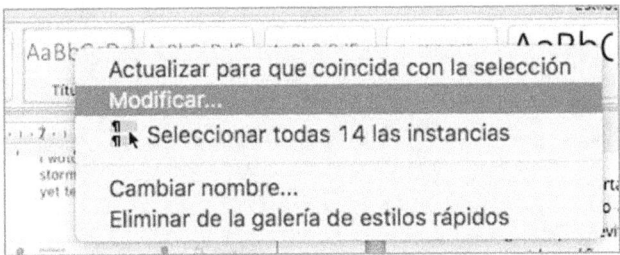

En la ventana de diálogo (tienes una captura de esta ventana en la página siguiente) que aparecerá a continuación, podrás modificar los parámetros habituales de fuente y párrafo (como hemos visto, poco útiles en un *ebook*, ya que el lector electrónico habitualmente impondrá sus ajustes), y puedes modificar el tipo de letra desde el desplegable de abajo a la izquierda.

Date cuenta de que hay una casilla ("Agregar a la plantilla", desmarcada en la captura de arriba) en la que puedes elegir si el cambio aplica solamente a tu publicación, o bien si quieres que esa modificación se adopte como regla general en tu programa para todos los documentos nuevos que crees a partir de ahora.

En ese caso, estarías cambiando las *plantillas de estilos* de tu Word. De nuevo, esto puede ser positivo, si quieres publicar una serie de libros y que todos tengan el mismo aspecto visual. Puedes crear tu "marca" personal en esos libros – algo que te diferencie de los libros de los otros autores en tu género.

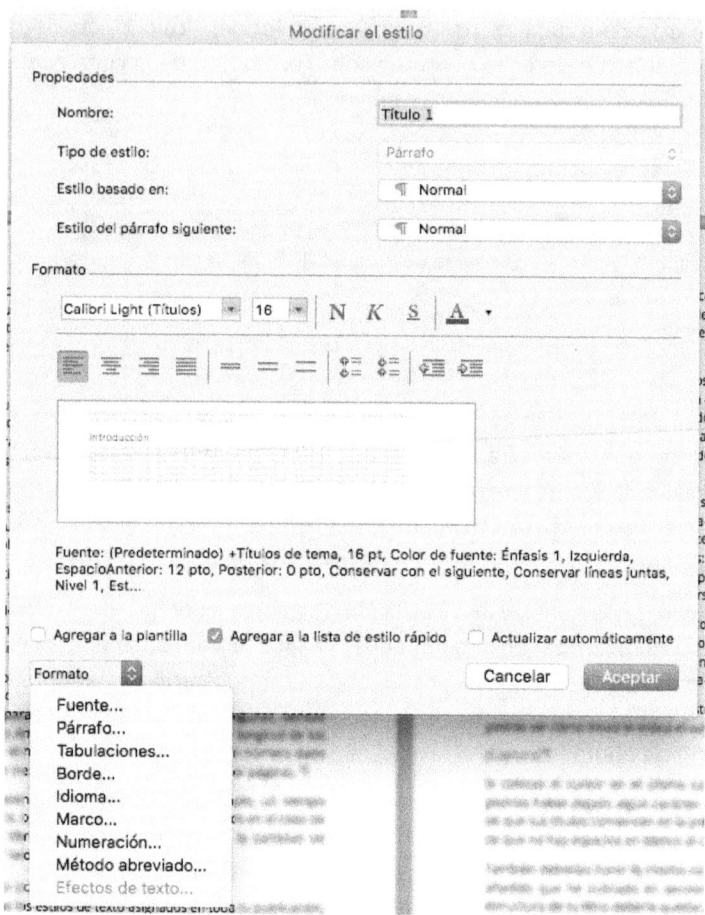

Debes tener en cuenta que, en las versiones actuales, Word hace diferencia entre dos términos o conceptos:

- **Estilos**, disponibles desde el menú "Diseño" de la cinta superior, permite aplicar un conjunto completo de estilos al texto: Encabezados, cuerpo... Word tiene una docena de estilos prefijados diferentes. Si has creado "tus" estilos para una publicación, puedes exportarlos como un conjunto de estilos nuevos, para recuperarlos en tu siguiente libro (por ejemplo, de una misma serie).

- **Temas**, disponible desde un icono independiente, trabaja sobre el conjunto de colores a aplicar. De nuevo, puedes definir "tu" conjunto de colores personalizado, para recuperarlo más adelante.

En cualquier caso, una vez estés satisfecho con los cambios en el estilo concreto de fuente que estás editando, sólo tienes que hacer clic en "Aceptar..." para que Word los aplique en el documento activo. Nota que también hay una casilla "Aplicar los cambios automáticamente".

Sobre la extensión de tu libro...

Si modificas el estilo de tu texto "Normal", puedes influir en el número de páginas totales de tu archivo de texto DOC / DOCX. Sin embargo, ten en cuenta que los lectores de ebooks mostrarán en pantalla la información según los ajustes del usuario individual, por lo que ese número de páginas sólo será indicativo en el caso de las publicaciones electrónicas.

Si estás interesado en la longitud final de tu libro electrónico, mejor controla la cantidad total de caracteres o palabras: Eso sí son parámetros con los que puedes comparar tus diferentes publicaciones. Algunas tiendas (como por ejemplo Amazon) hacen una estimación de la longitud de los *ebooks* dividiendo el número de palabras totales entre un número dado (típicamente, entre trescientas y cuatrocientas palabras por página).

A partir de esa estimación pueden indicarte, por ejemplo, un tiempo estimado de lectura, o bien definir una estrategia de pagos en el caso de los préstamos de libros electrónicos, que se basan en la cantidad de páginas "estándar" leídas.

Esta estrategia de definición de páginas estándar suele traer polémica, porque favorece a los libros de "solo texto" frente a otros, como los infantiles o de poesía, donde el contenido es más importante que su extensión en palabras. Pero las grandes empresas necesitan un método con el que comparar y recompensar cada lectura.

En cualquier caso, se hacen revisiones periódicas de la definición de "página estándar", para intentar que el reparto de beneficios entre los autores sea lo más justo posible.

Separación lógica por secciones

Una vez que tengas los estilos de texto asignados en toda tu publicación, el siguiente paso en la preparación de tu libro será el de separar las secciones o capítulos, de manera que el dispositivo electrónico pueda presentar un índice al usuario, y muestre cada inicio de sección o capítulo en una página nueva.

Estrictamente, no es necesario de cara a la creación de un índice. Sin embargo, sí es la forma correcta de conseguir que cada nuevo capítulo comience en una página nueva, evitando la inserción de múltiples retornos de línea.

Recuerda que, ya que no podemos controlar el tamaño de letra, el margen o el interlineado que cada usuario va a utilizar para nuestro libro, no tenemos forma de saber dónde comenzará una página de un texto continuo. El utilizar varios saltos de línea en un texto podría producir páginas en blanco en un determinado dispositivo, dando una mala imagen a tu público.

En un ebook, la diferencia entre un salto de página y uno de sección es mínima. Sin embargo, esta diferencia sí será importante en el caso de las publicaciones en papel, por lo que te recomiendo que utilices la misma estrategia para ambas publicaciones: Así te evitarás un trabajo posterior cuando quieras crear la versión en papel. De nuevo, queremos trabajar con un único archivo (hasta donde sea posible) para ambas versiones del mismo libro.

Para añadir un salto de sección, coloca el cursor delante del primer carácter de cada título de nivel uno (o el último del texto anterior), y utiliza el comando "Insertar – Salto – Salto de sección (página siguiente)".

Alternativamente, puedes moverte por los iconos de la cinta superior, desde la pestaña "Elementos de documento", con la ruta "Salto – Salto de sección (página siguiente)":

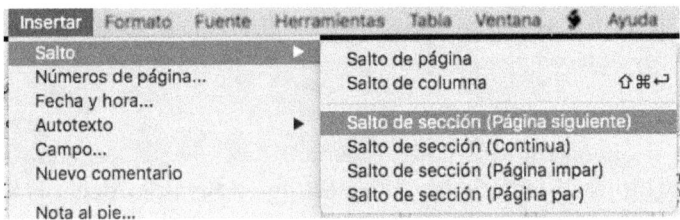

Si pulsas sobre la opción de mostrar caracteres ocultos (icono "¶"), podrás ver cómo Word te indica el salto de sección con una doble línea (el salto de página lo indica con una línea sencilla).

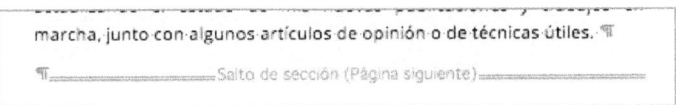

Si colocas el cursor en el último carácter visible del párrafo anterior, podrías haber dejado algún carácter no visible "entre medio". Asegúrate de que tus títulos comiencen en la primera línea de la página siguiente, y de que no hay espacios en blanco al comienzo.

También deberías hacer lo mismo con las páginas iniciales (el contenido añadido que he indicado en secciones anteriores), de manera que la estructura de tu libro electrónico debería quedar, más o menos así:

Página interior de título y autor

=Salto de sección=

Página de información bibliográfica y Copyright

=Salto de sección=

Dedicatoria

=Salto de sección=

Prólogo (si lo hay)

=Salto de sección=

Capítulo 1 o Sección 1

=Salto de sección=

Capítulo 2 o Sección 2

=Salto de sección=

...

Por supuesto, una vez hayas entendido la mecánica de la edición para un libro electrónico podrás realizar ambas acciones (asignación de estilo Título

1 y aplicación del salto de sección) en el mismo paso, lo que te evita una nueva revisión completa de tu texto.

Adición de un índice al *ebook*

Si has seguido todos los pasos sugeridos hasta ahora, debería ser muy sencillo incluir un índice en tu libro electrónico. Para ello, debes ir al menú "Insertar", y escoger el comando "Índice y tablas...":

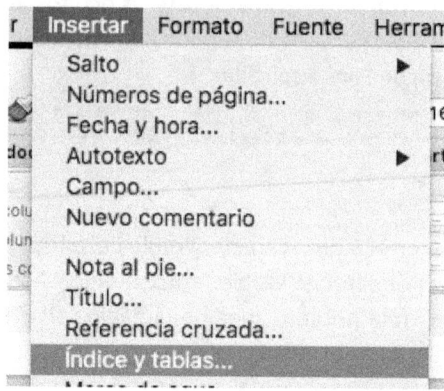

Una vez más, recuerda que no estamos añadiendo la numeración en las páginas, porque en un libro electrónico no tiene sentido. Por eso, debemos desmarcar la casilla respectiva, para asegurarnos de que Word no incluye este número de página en el índice.

En su lugar, las entradas de este índice funcionarán como enlaces de una página web en el libro electrónico, de manera que el usuario pueda saltar a la sección o al apartado deseado.

También, podemos decidir hasta qué nivel de título queremos presentar en el índice. Habitualmente, los libros electrónicos muestran sólo el primer nivel, para presentar una vista más sencilla en la pantalla del dispositivo.

Cuando tengas todos los parámetros definidos, haz clic en aceptar. Word habrá insertado el índice en la posición donde tenías el cursor. Nota que quizá quieras insertar el índice delante del contenido principal, o bien al final del todo. Inserta también el texto "Índice" (o bien, "Contenido", o lo que prefieras...) y asígnale estilo de Título 1, para que aparezca en el mismo índice.

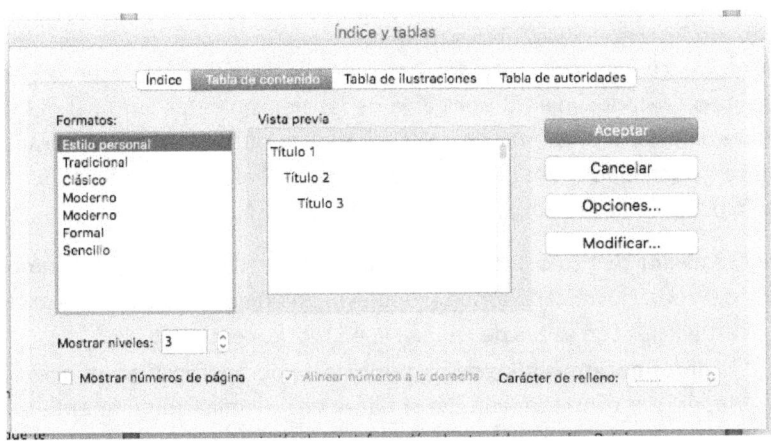

Si no quieres que aparezca el texto "Índice" en el listado dinámico, aplica el estilo de manera manual (tipo y tamaño de letra, decoración) sobre el texto "normal", sin seleccionar el estilo desde los botones de la cinta superior.

Si actualizas el contenido de tu libro y añades o eliminas alguna sección o capítulo posteriormente, sólo tienes que hacer clic con el botón derecho del ratón sobre el índice y seleccionar la opción "Actualizar campos", para tener el índice correcto según el nuevo contenido.

Adición de un índice .... 16 ¶

Formato de la información añadida .... 16 ¶

Adición .... 17 ¶

Guarda .... 19 ¶

Edición de .... 20 ¶

Selección .... 20 ¶

Aplicaci .... 22 ¶

Adición .... 23 ¶

Pagin .... 23 ¶

Encab .... 24 ¶

Inserció .... 25 ¶

Inserción de referencias en las imágenes .... 26 ¶

Creación de índices .... 27 ¶

Guardado del archivo .... 27 ¶

Cortar   ⌘X

Copiar   ⌘C

Pegar   ⌘V

Actualizar campos   ⌥⇧⌘U

Activar o desactivar códigos de campo

Fuente...   ⌘D

Párrafo...   ⌥⌘M

Numeración y viñetas...

Hipervínculo ▶

Formato de la información añadida

La información del comienzo del libro requiere de un formato especial, que facilita su reconocimiento por parte de las herramientas automáticas del editor online y la presentación de esta información al potencial comprador. Quizá no sea el formato óptimo, pero debes intentar ajustarte a él dentro de lo posible. Vamos a ir paso a paso.

- La **página de título** debe incluir éste (con el estilo "Título") y el nombre del autor, justificado arriba (de nuevo, en un ebook, no dejes espacios artificiales con saltos de línea...) y, en teoría, centrado.
- La **información bibliográfica** también debe aparecer en la posición superior y centrada, aunque si haces una justificación diferente (a la izquierda, o a ambos lados) tampoco suele haber problemas.
- La **dedicatoria**, si la vas a incluir, también debería ir centrada – pero, quizá como costumbre heredada de los libros en papel, la mayoría de los autores prefiere una alineación a la derecha, o bien con un ligero desplazamiento a la derecha.
- **Cualquier otro contenido añadido** (presentaciones, prefacios, prólogos, introducciones...) se debe tratar como una sección normal del texto. Recuerda incluir un salto de sección entre cada bloque diferente.

Adición de imágenes

La colocación de imágenes en un *ebook* presenta ciertas limitaciones que también debes conocer.

Por un lado, las pantallas de tinta electrónica suelen tener una resolución reducida, debido a la tecnología utilizada (eInk). Esto sugiere que es mejor utilizar imágenes en baja resolución (quizá 600 x 800 píxeles), que se puedan representar a pantalla completa.

Además, la mayoría de estos dispositivos trabajan en escala de grises, quizá con dieciséis niveles diferentes. Debes esperar una representación bastante pobre de tus imágenes.

Por supuesto, si lo que pretendes es incluir gráficas y tablas, no deberías tener problemas en la visualización. En el caso de tablas grandes o complejas, debido a problemas de compatibilidad con algunos dispositivos es mejor que las insertes como imágenes, para evitar posibles desajustes al mostrarlas.

Si tu objetivo son los teléfonos móviles u otros dispositivos con pantalla más grande y a color, no tendrás ninguna de las restricciones de tamaño o resolución citadas anteriormente, y podrás trabajar con mayor flexibilidad a la hora de crear tus imágenes.

Pero en este caso debes tener en cuenta otro potencial problema: Las imágenes que añadas a tu libro se "incrustan" en el archivo digital, aumentando su tamaño (su "peso"). Si utilizas muchas imágenes grandes, puedes acabar con tamaños de fichero inaceptables por parte de tu editor.

Así que, de nuevo, es recomendable utilizar dimensiones "suficientes", sin pasarse. Valores en torno a los 1000 x 1500 píxeles deberían representarse de manera correcta en cualquier lector. Inicialmente, no te preocupes por la resolución. Si debes fijarla, ten en cuenta que las pantallas de los lectores de *ebooks* suelen tener resoluciones alrededor de los cien píxeles por pulgada (ppp), aunque este valor aumenta día a día con las nuevas tecnologías de pantalla.

Si todavía no lo has decidido, te recomiendo que trabajes con el editor de imágenes GIMP, totalmente gratuito. Tiene una gran cantidad de herramientas y filtros, suficientes para la edición y preparación de una gran variedad de imágenes y fotografías.

En cualquier caso, para insertar una imagen, haz clic primero en la posición donde quieres que esté en tu texto. Idealmente, has creado una línea en blanco para hacer este paso.

El cursor debe estar activo, parpadeando, para poder insertar las imágenes "a la misma altura" que el texto. Si no es así, corres el riesgo de insertar las imágenes "flotando" sobre el texto, lo que producirá, en el mejor de los casos, que la imagen se vea en una posición incorrecta – incluso en una página diferente.

Si es posible, debes colocar cada imagen en una línea de texto independiente, y centrada horizontalmente. Si la imagen es demasiado grande, Word la reducirá para mostrártela dentro de los márgenes del documento activo, y el lector la reducirá para encajarla en la vista de pantalla; Si la imagen de partida ya es pequeña, se verá mejor centrada.

En Word, ve a la sección "Insertar" de la cinta superior y selecciona el icono de "Imagen" (un cuadrado con un paisaje). Word te dará habitualmente varias opciones: utilizar una imagen prediseñada de Microsoft, lo que abriría una búsqueda en línea, o bien utilizar una imagen tuya ("Imagen desde archivo..."), que abrirá una ventana auxiliar de búsqueda de archivos en tu PC.

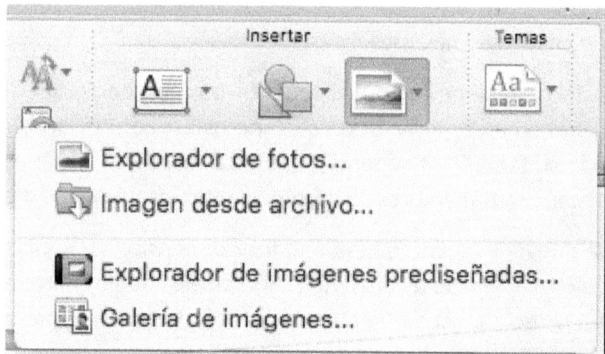

Una vez insertada la imagen, comprueba que efectivamente está insertada como el texto. Mediante el ratón o las flechas de tu teclado, deberías ser capaz de mover el cursor delante y detrás de la imagen. O bien, al seleccionar texto (por ejemplo, un párrafo antes y otro después), la imagen debe verse como seleccionada también.

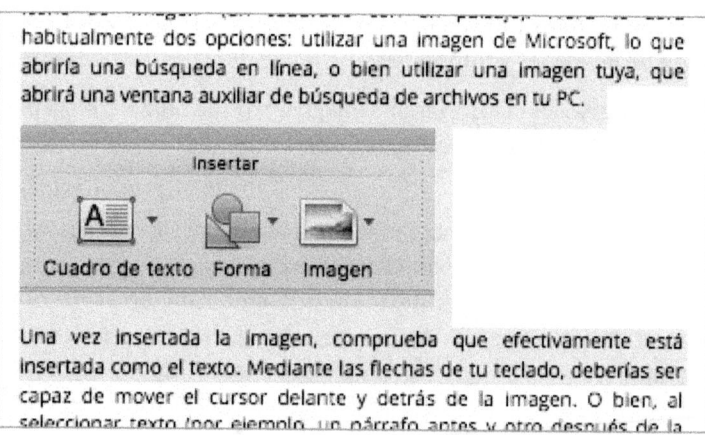

Guardado de los archivos

La mayoría de los editores y tiendas en Internet te permiten subir directamente el archivo DOC o DOCX como origen de un libro electrónico. En ese caso, simplemente debes guardar tu archivo de manera normal una vez estés satisfecho con la edición.

Alternativamente, algunas webs pueden pedirte que hagas una primera conversión (importante, sobre todo, si trabajas con el formato antiguo DOC, que aún no estaba basado en XML) a formato "HTML filtrado".

Al guardar en este formato, Word utiliza un conjunto de etiquetas HTML estándar, que será reconocido por la mayoría de los lectores electrónicos (incluyendo ahora ordenadores, por ejemplo), desde un navegador web estándar. Además, junto con el archivo, Word creará una carpeta con una copia de todas las imágenes que has utilizado en tu publicación.

Empresas como Amazon te pedían que subieses un archivo ZIP de la carpeta de imágenes, que incluía también el texto en HTML. Pero este proceso está siendo eliminado, a favor de la subida directa del archivo DOC / DOCX.

Por último, puedes utilizar programas externos, como el gratuito Calibre, para la conversión directa de tu archivo DOC / DOCX al formato ".epub" o ".mobi", admitidos (o incluso exigidos en algunos casos) por la mayoría de editores de Internet. Calibre te permite, en el proceso de creación del archivo epub, el "incrustar" la imagen de la portada, que ahora pasa a ser parte del archivo (único) del libro electrónico.

En ese sentido, ya no será necesario subir un archivo separado para la portada – aunque muchas tiendas sí lo requieren, de todas formas, en este caso para crear el artículo en venta en sus tiendas de Internet.

Edición de un libro en papel

Como ya he comentado en las secciones iniciales de este libro, el formato de un libro en papel requiere mucho más trabajo y atención que el de un ebook. Ahora, el tamaño del libro, el tipo de letra y la decoración toman una mayor importancia, hasta el punto de poder crear un libro con personalidad propia, que destaque entre la competencia.

En cualquier caso, el punto de partida puede ser, perfectamente, el archivo DOC que has creado para la edición del ebook. Todo lo dicho anteriormente sobre estilos predefinidos, secciones, imágenes (salvo un pequeño punto que veremos enseguida) ... es válido. Específicamente, preferiremos los saltos de sección, frente a los de página, para diferenciar entre capítulos de una publicación.

Para la edición del libro en papel, voy a seguir un proceso similar al del ebook, pero en este caso añadiré los pasos previos o intermedios que sean necesarios.

Selección de un tamaño para el libro

Seguramente, ya tienes una idea de qué tipo de libro quieres publicar, y qué tamaños "habituales" tienen esos libros en las tiendas. Una novela, por ejemplo, no se suele vender en tamaños grandes, como el A4. Pero tampoco encontrarás libros técnicos en formatos muy pequeños, ya que se busca la legibilidad – en muchos casos, incluyendo tablas de datos y gráficos.

Partiendo de esta referencia, debes buscar los tamaños disponibles en la página de tu editor online. La mayoría de estos utilizan tamaños de libro estándar, que tradicionalmente se dan en pulgadas. Aquí tienes algunos ejemplos de tamaños (ancho x alto) de libro habituales:

Tamaño en pulgadas	Tamaño en centímetros
5 x 8	12.7 x 20.32
5.5 x 8.5	13.97 x 21.59
6 x 9	15.24 x 22,86
7 x 10	17.78 x 25.40
8.5 x 11	21.59 x 27.94

El tamaño 8.5 x 11 pulgadas es muy próximo al DIN A4, pero ligeramente más ancho. Para una lista completa, revisa la información en línea de tu tienda objetivo. Alguno de estos tamaños no está disponible si, por ejemplo, quieres imprimir con las páginas a color.

Como ejemplo, voy a tomar el tamaño 5.5'' x 8.5'' (equivalente a 13.97 cm x 21.59 cm), que es un tamaño que conozco, porque lo he utilizado ya en alguno de los libros prácticos que puedes ver al final de este ebook. No es demasiado pequeño, lo que permite ver razonablemente bien el contenido gráfico. Si tu publicación es una novela o un ensayo, sin imágenes, puede que quieras ir al tamaño más pequeño disponible en la mayoría de las imprentas, el 5 x 8 pulgadas.

Algunas imprentas online ofrecen tamaños aún más pequeños, como por ejemplo el 4'' x 6'', aproximadamente 10 cm x 15 cm. Pero la diferencia de precios respecto a tamaños ligeramente mayores es mínima, y suele penalizarse el número de páginas, con impacto en el coste final – y el precio de venta. Salvo que te plantees publicar un libro "verdaderamente" de bolsillo, no deberías buscar tamaños demasiado pequeños.

Curiosamente, en Word para Mac OSX la opción de proponer un tamaño personalizado no está disponible directamente desde la lista de tamaños prefijados. En su lugar, tenemos que seleccionar el comando "Configurar página…" desde el menú Archivo, tal y como puedes ver en la siguiente imagen.

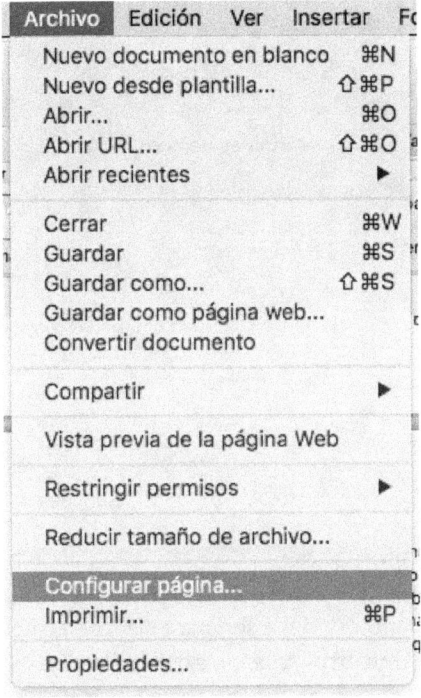

A partir de ahí, debemos indicar qué márgenes queremos utilizar, con las consideraciones indicadas anteriormente: Debe haber un mínimo debido al proceso de imprenta y para facilitar la lectura. En el caso de Amazon / KDP, también tenemos unos valores mínimos.

Nota que, antes de introducir los márgenes "lógicos" de tu publicación (que son los márgenes límite para la imprenta final), Word para Mac OSX te pedirá que definas los márgenes no imprimibles, que pueden ser, también, los de la impresora de tu casa.

Así que la recomendación es buscar aquí unas cifras bajas, para evitar que tus pruebas en casa tengan demasiado borde alrededor – pero deben ser realistas para "tu" impresora: Muchas impresoras permiten imprimir hasta unos pocos milímetros a cada lado, por ejemplo, pero requieren un poco más de margen arriba y abajo.

Por ejemplo, te propongo utilizar el valor (arbitrario...) de diez milímetros, como puedes ver en la siguiente imagen:

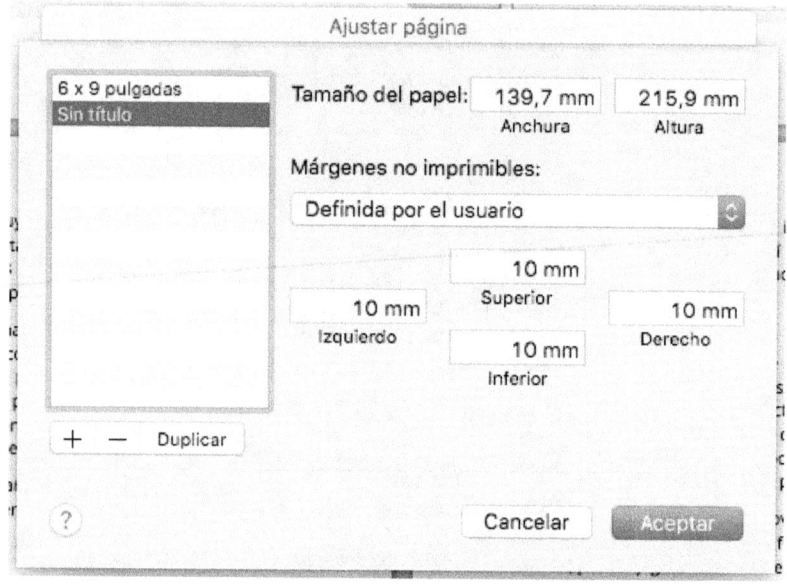

En cuanto a los márgenes para la imprenta, para un libro de unas 200 páginas, el margen interior debe ser, para KDP, de al menos media pulgada (12.7 milímetros), mientras que el exterior (arriba, abajo y en el lado opuesto a la encuadernación) puede ser a partir de un cuarto de pulgada (6.35 milímetros).

En Word, vamos a la pestaña "Página" de la cinta superior, y elegimos "Márgenes > Personalizado...", abajo del todo.

En lugar de utilizar 12.7 y 6.35 milímetros, introduzco 15 y 10, respectivamente:

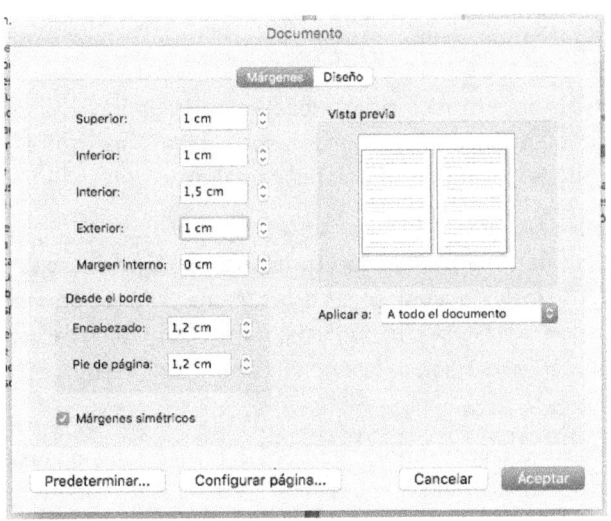

Nota que Word para Mac OSX trabaja en centímetros, y no en milímetros.

Recuerda que ese margen incluirá la numeración de las páginas, los pies de página y los encabezados, en caso de que uses estos. Para ambos, tienes un ajuste dedicado ("Desde el borde"), que te permitirá jugar con la distancia entre el encabezado y el cuerpo del texto, por ejemplo.

Nota que he marcado la casilla "Márgenes simétricos", que es lo habitual en una publicación en papel, y he tomado la opción "Aplicar a todo el documento", para darle un aspecto uniforme a toda la publicación.

Al hacer clic en "Aplicar", Word ajustará tu texto a la nueva configuración de página seleccionada. Si el tamaño de tu página inicial (por ejemplo, A4, por defecto en Word) era más grande que el final, notarás cómo el número de páginas ha aumentado considerablemente.

En este punto, te recomendaría que imprimieses unas pocas páginas de tu libro, si tienes la oportunidad. Así puedes ver si el tamaño de letra es adecuado, junto con el interlineado. Debes conseguir una lectura agradable de tu publicación.

Aplicación de estilos al texto

En una publicación en papel puede que quieras utilizar más estilos de letra, ya sea por que necesitas más niveles de título (algo habitual en publicaciones técnicas, muy estructuradas) o porque quieres incluir cierto toque personal, como un tipo de letra especial. La gran ventaja de la impresión bajo demanda moderna es que puedes combinar fácilmente diferentes tipografías en una misma publicación.

Por ejemplo, un personaje de tu novela podría utilizar un tipo de letra especial, o bien puedes usar una fuente dada para ciertas palabras. También, puedes jugar con los colores, tamaños...

En cualquier caso, antes de enviar tus archivos finales a la imprenta o a tu editor online haz una prueba con tu impresora: Si te excedes asignando estilos "de fantasía" puedes llegar a tener una publicación incómoda de leer – algo que molestará a tu público potencial. Como en casi todo, debes intentar buscar la sencillez, lo que no quita para que intentes cosas nuevas, si así lo deseas.

Igual que hicimos con el ebook, deberemos ir seleccionando los diferentes fragmentos de texto y aplicando estilos desde la cinta superior. Recuerda que puedes editar los diferentes estilos disponibles, o bien crear uno nuevo desde el comando "Formato – Estilo…".

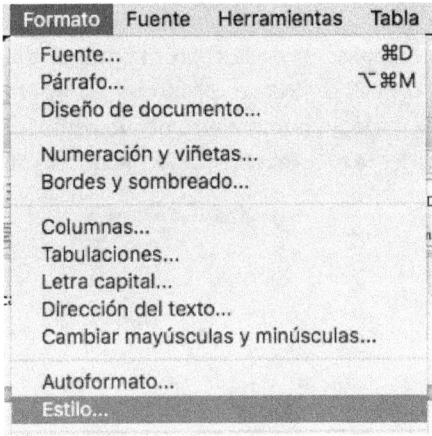

Verás una nueva ventana de diálogo, mostrando la lista de estilos activos en el conjunto actual. Es aquí donde puedes seleccionarlos uno a uno, y cambiar sus propiedades, mediante el botón "Modificar…" situado en la zona inferior de la ventana.

Por supuesto, sólo es necesario que modifiques los estilos que vayas a utilizar – Word incluye una gran cantidad de estilos, que raramente utilizarás. No hace falta que los cambies todos...

En cualquier caso, puedes ver en la captura anterior que también hay un botón para crear un estilo "Nuevo...", lo que abrirá una nueva ventana auxiliar. Ahí podrás darle un nombre a tu nuevo estilo (por ejemplo, "Nota al margen"), y escoger la fuente, el tamaño y la decoración.

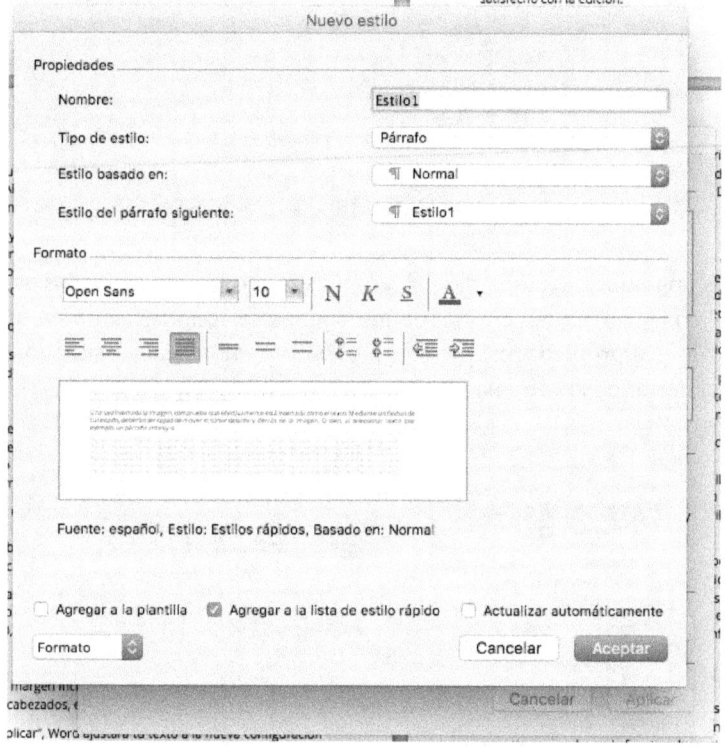

De nuevo, te sugiero que utilices fuentes libres para tus publicaciones. Claramente, puedes utilizar las que tienes disponibles en tu sistema operativo, pero el uso de fuentes alternativas puede darle ese "algo más" a tu publicación, que la diferencie de las que compartirán estantería en una tienda física.

En el caso de las publicaciones en papel, tradicionalmente se han utilizado fuentes con serif (decoración), que facilitaban una lectura más rápida, ya que la decoración en la parte inferior formaba una línea "virtual" bajo cada línea de texto. Ahora, en la actualidad, la mayoría de los lectores se ha acostumbrado a leer en pantallas electrónicas, donde las fuentes sin este serif permiten utilizar tamaños más pequeños.

Simplemente, basta con que la combinación de fuente (a un tamaño dado) e interlineado sea la correcta para favorecer la legibilidad de tu texto.

Adición de encabezados y números de página

Word dispone de tres botones en la pestaña "Insertar" de la cinta superior, indispensables a la hora de insertar elementos alrededor del texto principal. Estos tres botones son, de izquierda a derecha, Encabezados, Pies de Página y Numeración de Páginas:

Los tres desplegarán un menú donde las diferentes opciones se muestran de un modo gráfico. El encabezado y el pie de página podrán incluir texto a la izquierda, a la derecha o centrado, en el espacio reservado para ellos. También habrá una opción para colocar texto en las tres posiciones (hay publicaciones concretas que las usan).

Una vez insertado, también podremos editar su contenido desde estos botones de la cinta, o bien haciendo doble clic sobre los elementos, una vez insertados. Además, tendremos una casilla de selección en la cinta superior que nos permitirá indicar si la información de la página izquierda debe ser igual o no a la de la página derecha.

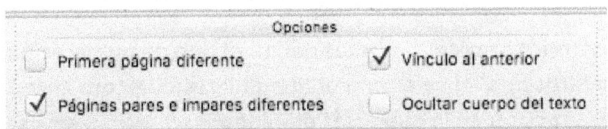

En el caso concreto de la numeración de las páginas, tendrás múltiples opciones disponibles: en la parte superior de la página o en la inferior, centrada horizontalmente o bien en el exterior... Además, desde la versión 2013 existe la posibilidad de colocar la numeración en el margen lateral, también en diferentes posiciones.

Paginación por secciones

Una de las opciones quizá menos conocidas, pero más interesantes de cara a publicaciones en papel, es la de la numeración de las páginas de cada sección de manera independiente.

Claramente, no tiene mucho sentido el comenzar cada sección de un libro con la página número uno. Pero sí puedes querer que no haya ninguna numeración visible en los contenidos añadidos del comienzo, o bien utilizar numeración romana en un prólogo largo escrito por otra persona, por ejemplo. En este caso, además podrías decidir si la primera página de contenido propio comienza con el número uno, o bien si empieza la cuenta con el número "que le toque".

Por supuesto, Word te dará la opción de continuar la numeración de una sección en la siguiente, de manera que, por ejemplo, todas las secciones de contenido sigan una numeración consecutiva sin que tengas que ajustar nada por tu parte.

Para hacer esto, antes de colocar la numeración en la sección correspondiente, utilza el comando "Insertar – Números de página...":

En la ventana de configuración que aparece podrás elegir la posición de la numeración (encabezado o pie de página) y su colocación, forzando que sea siempre (independientemente de en qué lado esté la página) a la izquierda, a la derecha, centrada o en el lado exterior.

Desde el botón "Formato..." podrás definir el tipo de numeración (romana, letras, números...), y el valor con el que quieres que comience la primera página de la sección en la que estés editando.

Por último, también podrás indicar si quieres que la numeración continúe la de la sección anterior.

Cuando hagas clic en "Aceptar", los cambios se aplicarán a la sección actual y a todas las siguientes, a menos que desactives la casilla "Vínculo al anterior", como ya hemos visto anteriormente.

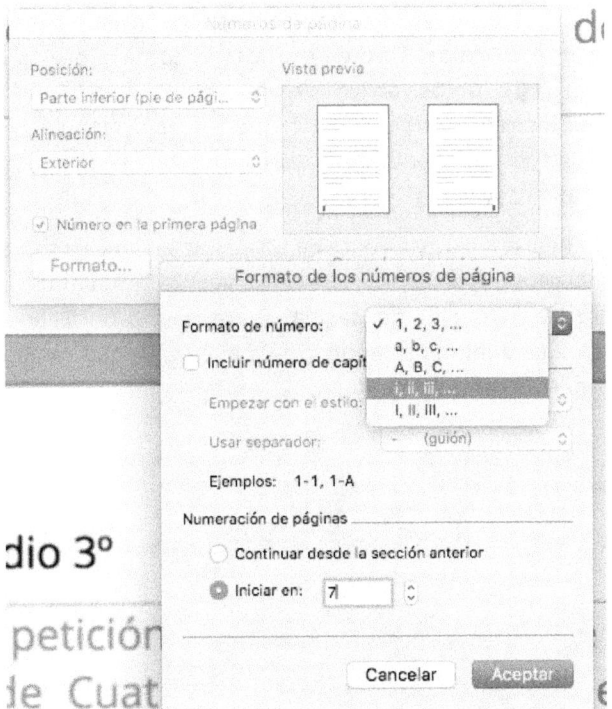

Encabezados y pies de página por secciones

De manera similar a como hemos hecho con la numeración de las páginas, Word te permite que puedas poner (por ejemplo) el título del libro en el encabezado izquierdo a lo largo de todo tu libro, y el título de cada sección de manera diferenciada en los encabezados derechos. Para esto, debes utilizar el botón indicado anteriormente, para forzar a que el contenido de la página izquierda sea diferente del de la página derecha.

Cuando estés editando un encabezado o un pie de página, podrás ver el botón "Diferentes izquierda y derecha" en la cinta superior. Si está activo, podrás introducir contenido diferente. Si no está marcado, la edición de uno afectará al otro.

Además, podrás ver otro recuadro, con la etiqueta "Igual que la sección anterior". Si está activo, tu encabezado (o pie de página) tendrá el mismo contenido que el de la sección previa; si lo cambias, también afectarás a aquella.

Por tanto, si quieres tener el mismo contenido a través de tus secciones (por ejemplo, el título del libro en el encabezado de la página izquierda) debes tener este botón activo. Si, por el contrario, quieres tener encabezados diferentes en cada sección (por ejemplo, el título de la sección o capítulo), entonces ese botón concreto debe estar inactivo cuando edites un encabezado dado.

Afortunadamente, incluso la gente de Microsoft se dio cuenta de que esto podía ser un caos importante... Así que, cuando estás en modo de edición de encabezados y/o pies de página, Word te mostrará, además, una etiqueta de final e inicio de sección, para que sepas qué campo de texto estás editando en cada momento.

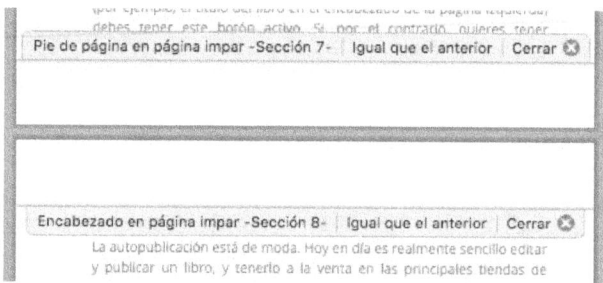

Ilustración 1: Campos de información en los encabezados y pies de página

Si vas a usar contenidos diferentes, es importante que los edites desde el principio del libro, para evitar (o aprovechar) esta propiedad de "herencia" de las características de la sección anterior.

Lleva cierto tiempo, pero una vez que controles la forma de editar simultáneamente (o independientemente) estos encabezados y pies de página podrás avanzar mucho más rápido, de cara a crear una publicación con un aspecto profesional.

Por supuesto, todo esto de los encabezados y los pies de página es (una vez más) algo opcional. En libros extensos, o con secciones diferentes (por ejemplo, un libro práctico), puede ayudar a tus lectores a encontrar lo que buscan, simplemente hojeando el libro.

Si sólo necesitas números de página en tu libro, no te compliques el diseño.

Inserción de imágenes

El proceso para trabajar con imágenes de cara a una publicación en papel es similar al utilizado en las publicaciones electrónicas, pero con dos puntos importantes a considerar.

Primero, tus imágenes deben tener una resolución más elevada, para que se vean correctamente una vez impresas. Si es posible, trabaja con valores a partir de doscientos píxeles por pulgada (ppp) pero evita utilizar las fotografías de tu cámara a tamaño completo – las cámaras modernas son capaces de producir imágenes muy grandes. Si es posible, llega hasta los 300 ppp.

Por ejemplo, para nuestro libro de 139.7 milímetros (o bien 13.97 centímetros) de ancho, menos 25 milímetros de márgenes (recuerda, 15 del interior y 10 del exterior), buscamos imágenes con un máximo de 114.7 milímetros. Esto equivale aproximadamente a 4.5 pulgadas. Si queremos trabajar con trescientos puntos por pulgada (valor habitual en imprentas), necesitaremos que la imagen tenga 4.5 x 300 = 1.350 píxeles de ancho, como máximo.

Y podrías hacer los mismos cálculos con la altura (la nuestra era 215.9 milímetros, menos 10 + 10 hacen un total de 195.9 milímetros, o bien 7.71 pulgadas. Una imagen que cubriese la altura completa de nuestra página (menos los márgenes) debería tener 7.71 x 300 = 2.313 píxeles.

Por tanto, una imagen que ocupase toda la página, menos los márgenes, tendría ese tamaño (1,350 x 2,313 píxeles), equivalente a unos 3.12 millones de píxeles, o bien algo menos de tres Megapíxeles. Recuerda que para un libro electrónico te proponía utilizar hasta 1000 x 1500 píxeles – quizá la mitad del tamaño.

Este nuevo tamaño de 1.350 x 2.313 píxeles, en un formato JPG con calidad alta, puede suponer unos 300 – 500Kb por imagen, si esta tiene mucho detalle. Esto tendrá una gran influencia en el tamaño final de tu archivo DOC / DOCX, algo que debes tener en cuenta y (si es posible) bajo control.

Si tus imágenes son más grandes que esos 3 Mp (en este ejemplo...), no verás una mejora en la calidad de la impresión, pero sí un aumento del tamaño del archivo electrónico. Una foto de 20 Mp hecha con una cámara actual no dará mejor resultado (en términos de impresión) que otra del tamaño correcto.

Si tus imágenes son más pequeñas, tendrás un espacio hasta los márgenes laterales. Según tus preferencias, podrás alinearlas al centro o a uno de los lados.

Creación de índices

Una de las ventajas de la edición electrónica de textos es la posibilidad de crear y mantener diferentes índices (imágenes, tablas, secciones), con actualizaciones automáticas desde el editor de texto, que eliminan el trabajo tedioso de revisar manualmente toda la numeración de las páginas, al añadir o eliminar contenidos.

Inserción de referencias en las imágenes

En algunos libros (sobre todo, los de contenido técnico y práctico) suele haber un índice de imágenes. Afortunadamente, Word es capaz de crear este índice de manera automatizada, si seguimos unos pasos sencillos.

Básicamente, seleccionaremos una imagen del texto, y con el botón derecho del ratón elegiremos la opción "Insertar título...".

Por defecto, Word incluye tres etiquetas diferentes, correspondientes a tres elementos típicos en muchas publicaciones: Ecuaciones, Ilustraciones y Tablas. Por supuesto, también tienes la opción de crear tus propias etiquetas (por ejemplo, "Foto", o "Imagen").

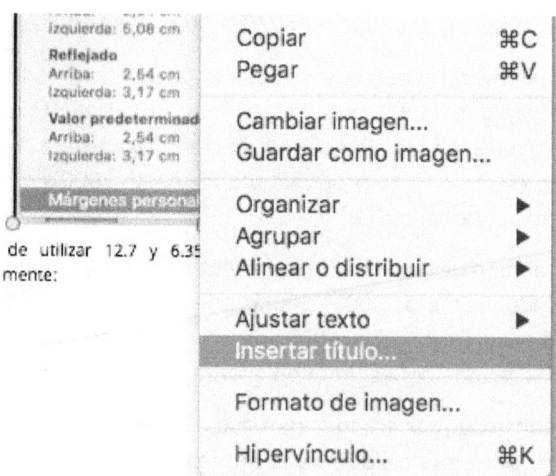

Word incluirá este texto (incluyendo la etiqueta) bajo la foto, con un estilo diferente al del cuerpo principal.

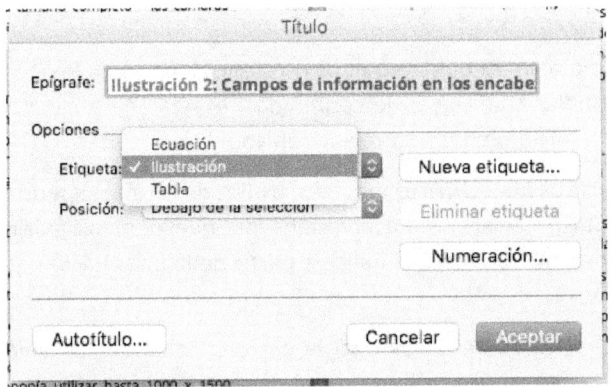

Una vez tengamos todas nuestras imágenes con su texto, iremos a la posición donde queremos que aparezca el índice (típicamente, después de la tabla de contenidos principal) y haremos clic con el ratón en la posición exacta.

Después, seleccionaremos "Insertar – Índice y tablas...", y usaremos la pestaña "Tabla de Ilustraciones". Las diferentes opciones de configuración son similares a las de los índices de contenido.

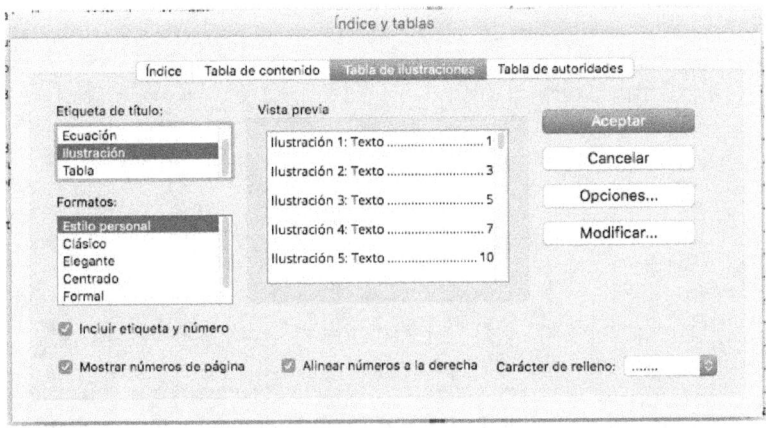

Al hacer clic en Aceptar, veremos cómo Word crea la lista de las imágenes de nuestro libro automáticamente.

Nota que no es necesario que todas las imágenes tengan su texto – sólo las que quieras que aparezcan en ese índice.

Tabla de contenidos

De la misma manera que acabamos de crear el índice de imágenes, Word creará el índice tradicional de contenidos, exactamente igual a como ya hicimos con el libro en formato electrónico.

La diferencia es que, si has utilizado los estilos de la cinta superior en Word, no necesitas marcar los encabezados de nuevo ni asignarles nuevas propiedades. Word creará el índice a partir de la información que ya está disponible.

Nota que en Word debes escoger la opción "Tabla de contenidos", y no "Índice". En Word, esta última opción hace referencia (derivado de las convenciones anglosajonas) a listas de palabras clave y expresiones, que se suelen presentar acompañadas de los números de página donde aparecen.

En cualquier caso, para la publicación en papel (donde el lector puede hojear el libro hasta la página deseada), sí que nos interesa que se incluyan ahora los números de página, ya que estos serán fijos en el archivo PDF y por tanto en esa publicación física final.

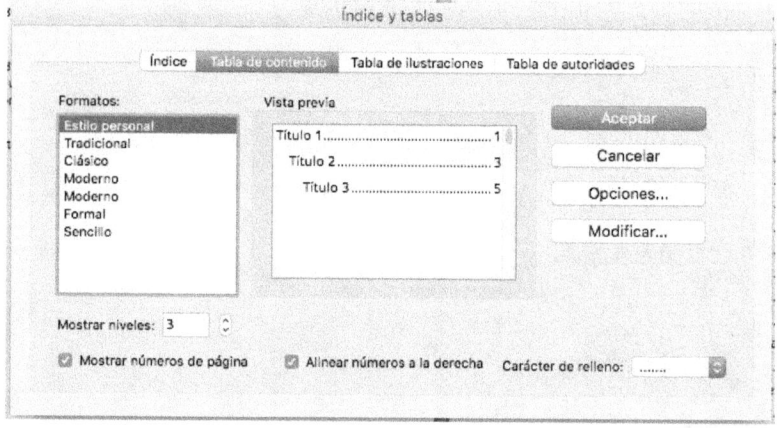

También, podemos decidir hasta qué nivel de encabezado queramos que aparezca en el índice, algo útil en libros con grandes extensiones y múltiples apartados.

Guardado del archivo PDF

Una vez que tienes tu documento DOC / DOCX con los estilos de letra correctos (incluyendo fuentes y tamaños...), los encabezados y pies de página, las imágenes insertadas y los diferentes índices creados, puedes guardarlo como una versión "definitiva" de tu libro, lista para enviar a imprenta.

Afortunadamente, ya no es necesario exportar los contenidos digitales a formatos profesionales de imprenta, como el EPS (Encapsulated Post-Script). Hoy en día, sólo es necesario generar un archivo en formato PDF. Y tu programa Word es capaz de hacerlo directamente, desde hace unos años.

Para crear tu archivo PDF, Sólo tienes que seleccionar "Archivo – Guardar como…" y elegir el formato PDF del menú desplegable correspondiente, como puedes ver en la imagen de la página siguiente:

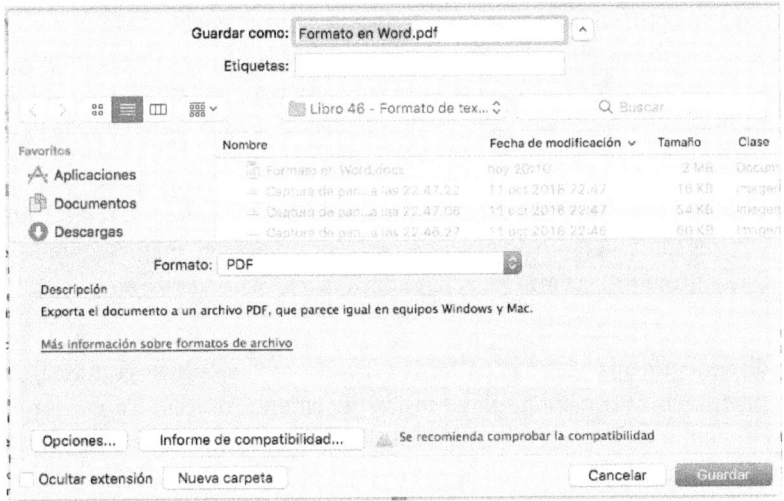

El archivo creado tendrá un tamaño similar al del documento de origen en formato DOC / DOCX, aunque este tamaño puede variar debido a la manera diferente de ambos formatos de procesar el texto por un lado, y las imágenes por el otro.

El formato PDF incluirá, además, las fuentes especiales que hayamos utilizado en nuestra edición, de manera que la imprenta sea capaz de utilizarlas en la producción del libro.

Conclusiones

La autopublicación está de moda. Hoy en día es realmente sencillo editar y publicar un libro (otra cosa es escribirlo, en primer lugar…), y tenerlo a la venta en las principales tiendas de Internet, con un coste mínimo o incluso nulo. Con un poco de suerte, ese libro puede ser el origen de unos ingresos pasivos, algo nada desdeñable en estos tiempos.

Sin embargo, esa misma facilidad es la que ha hecho que en tiendas como Amazon haya más de cinco millones de publicaciones a la venta, por lo que es muy difícil destacar frente a los competidores en una categoría concreta de libros.

Así, se debe optar por crear publicaciones de calidad, que proporcionen una experiencia de lectura positiva en los lectores, y los muevan a buscar de nuevo al mismo autor, y a comprar sus novedades editoriales.

Para la preparación de libros sencillos (lo que no quita para que tengan elementos profesionales, como listados dinámicos, encabezados y pies de página personalizados, imágenes...), los editores de texto modernos son más que suficientes, pudiendo generar archivos de salida con calidad suficiente para la producción de libros electrónicos o para su impresión bajo demanda.

Dentro de los editores de texto, el programa Word de Microsoft es el líder en el mercado, aunque seguido de cerca por opciones más asequibles, o incluso gratuitas, como la aplicación *Writer*, disponible en las suites *OpenOffice* y *LibreOffice*.

Si dispones de una licencia de Word (hay versiones completas gratuitas, con soporte de hasta un año), sólo necesitas seguir unos sencillos consejos para conseguir que tu libro esté al alcance de millones de potenciales lectores... ¿A qué esperas?

Alberto García Briz

He publicado
un libro
(Y ahora, ¿Qué?)

Promociona tu libro de manera eficaz

AGB DESIGN

Minilibro práctico Nº3: He publicado un libro (Y ahora, ¿Qué?)

Introducción

Hace ya algo más de seis años que me lie la manta a la cabeza y decidí publicar mi primer libro, en ese caso sobre edición de imagen para paso a blanco y negro con el estupendo programa gratuito GIMP. Me llevó muchas horas (¡muchas!) conseguir los contenidos, todas las capturas de pantalla y la maquetación que tenía en mente.

El proceso de publicación en sí mismo, a través de la plataforma para publicación bajo demanda de Amazon, CreateSpace, fue relativamente sencillo – una vez que tenía los archivos preparados según sus reglas de diseño.

Pero entonces me quedé en blanco. Tantos meses de trabajo, horas perdidas por las noches, o en mis viajes del trabajo "de verdad". Ya estaba hecho, y disponible a la venta. Y, ¿Ahora qué?

Durante unos días, entraba cada pocas horas a la página de CreateSpace, para comprobar que, efectivamente, no tenía ninguna venta. Algo fallaba. Pero podía ver el libro en la tienda de Amazon (y en mi mesa), y sabía que me había quedado muy chulo, que los lectores estarían satisfechos con él. Entonces, ¿Qué estaba pasando?

Por supuesto, la respuesta es que no estaba haciendo nada de promoción de mi libro, el cual tenía que competir con las publicaciones de las grandes editoriales y los autores de renombre. Poco a poco, aprendí cómo dar a conocer mi libro, moviéndome en más y más canales diferentes, participando con mis lectores y con otros autores.

Pues bien, en este libro te cuento mis experiencias de estos últimos seis años, los pasos que he seguido para conseguir un nivel aceptable (y estable) de ventas, junto con algunos apuntes de cómo está cambiando el entorno editorial. Espero que te sirva de ayuda, o al menos que te resuelva un par de dudas...

Te aseguro que el mercado del libro electrónico se está moviendo, y va mejorando cada año, ganándole terreno al libro en papel.

El mercado hispanohablante, a pesar de la tradicional (¿cultural?) tendencia al consumo de contenidos ilegales, está comprendiendo que los libros también son cultura y que hay que reconocerlos como tales, valorando el trabajo que tienen detrás y pagando un precio – que debe ser razonable y ajustado a cada mercado.

Y vale la pena trabajar en la promoción y reclamar una parte de ese mercado creciente. No esperes resultados a corto plazo, pero (si tu libro es bueno) las ventas llegarán.

En fin, desde aquél primer libro, he publicado otra media docena, tanto en papel como en versión electrónica, y con mayor o menor éxito. En cualquier caso, la publicación sigue siendo para mí una actividad secundaria (igual que la fotografía, pero eso es otra historia), pero sigo produciendo nuevos contenidos de manera independiente, o "indie".

Si te ha gustado este libro, o si piensas que hay algo que añadir o mejorar, te agradeceré que dejes una reseña en la tienda donde lo compraste. Las reseñas, como te repetiré más adelante, facilitan la visibilidad de los libros en las tiendas en Internet.

Por supuesto, también te invito a visitar mi página web, http://libros.agbdesign.es para estar al corriente de mis últimas novedades...

El proceso de publicación

Hoy en día puedes encontrar una gran multitud de tiendas en Internet que ofrecen, entre otros muchos productos, libros y publicaciones, tanto en sus versiones en papel como electrónicas.

Casi todas ellas siguen unas reglas similares, y las comisiones son también muy parecidas. En algunas tiendas, el proceso será realmente sencillo, mientras que en otras te pedirán mucha información.

La gran ventaja, sobre todo en el caso de la impresión bajo demanda (*Print on demand*, POD en inglés) es que no es necesario hacer ninguna inversión inicial para imprimir un primer stock de libros. Estos sólo se imprimen cuando los lectores finales los piden (y los pagan) en las tiendas *online*.

Para la venta de libros electrónicos (o *ebooks*), la gran mayoría de las tiendas de Internet tampoco te exigirán ningún pago por adelantado. A cambio, solo te pagarán comisiones si realmente ha habido alguna venta de tu libro.

Si has buscado un poco por Internet, seguramente habrás optado por Amazon en un primer paso, como la práctica totalidad de autores independientes. Amazon se lleva, quizá, un 60% - 70% de todas las ventas de libros electrónicos a nivel mundial, algo menos en el caso del papel, donde las editoriales tradicionales (y las librerías de toda la vida) también tienen una presencia importante.

En cualquier caso, la recomendación es que no te limites a esa tienda. La información incluida en este libro es genérica, salvo donde se indique lo contrario. Básicamente, estarías renunciando a ese potencial 30% - 40% de tus ventas.

Como ya sabrás, debes darte de alta como autor en cada tienda, subir tus archivos y fijar un precio (que suele tener un umbral mínimo) para la venta. A partir de ese precio se calculará tu comisión, en forma de royalty o regalía: Un pago por el uso de "tu" propiedad intelectual, que tú autorizas a esa web en concreto para su venta y, en su caso, impresión.

Algunas tiendas, como Amazon, te dan varias opciones para calcular tu comisión. Si optas por una comisión baja (del 35%), Amazon se hace cargo de todos los gastos relativos a tu libro electrónico. Si eliges una comisión mayor (70%, que sólo está disponible en algunos países) deberás pagar un "alquiler" del espacio de disco duro en el servidor de su tienda, que dependerá del tamaño de tu archivo.

Otras tiendas, como GooglePlay (para vender en formato electrónico epub para dispositivos con el sistema operativo Android) te dan una cifra fija (en ese caso, el 52%) del precio de venta.

Algunas empresas, las denominadas integradoras (empresas que no tienen tienda propia, y sólo actúan de intermediarias para facilitarte la publicación en múltiples sitios a la vez) te ofrecen un porcentaje sobre el porcentaje de las tiendas finales.

Por ejemplo, el integrador Draft2Digital te permite publicar en Amazon, en iTunes (para dispositivos de Apple) y en otras tiendas (Barnes & Noble, responsables del lector nook, o Kobo, relacionada con la cadena francesa fnac). La comisión habitual es del 60%, ligeramente menor que la de Amazon, si lo haces directamente con ellos.

Un punto importante, en la mayoría de las tiendas, te pedirán que clasifiques tu libro, para poder incluirlo en la lista de grupos similares.

Según la tienda, te permitirán definir una, dos o tres familias o categorías de libros. Por ejemplo, este libro está clasificado como

- EDUCATION & REFERENCE - REFERENCE – Personal and Practical Guides
- EDUCATION & REFERENCE - REFERENCE – Handbooks and Manuals

Nota que los códigos BISAC (*Book Industry Standards and Communications*, Estándares y Comunicaciones de la Industria del Libro) se definen en inglés, pero seguramente "tu" tienda te propondrá sus equivalentes en español.

Y esta es la clave: puedes elegir el código (o códigos) BISAC que quieras. Idealmente, sería el más próximo a la temática de tu libro. Si eliges otro diferente, puedes encontrarte con que tu público objetivo simplemente no lo encuentra en la tienda...

En mi caso, podría haber escogido una categoría que hiciese referencia al comercio electrónico, o *"eCommerce"*. Sin embargo, considero que los contenidos van más allá de las ventas en una página web, como veremos más adelante.

Una vez has introducido toda la información de tu libro (incluyendo el nombre del autor, código BISAC, archivos en DOC o PDF, precio propuesto de venta...), la tienda online te pedirá que confirmes que eres el autor del libro, o bien que dispones de los derechos para su publicación. Esto suele ser una simple casilla para marcar al final del proceso.

Por último, la tienda online te pedirá también una forma de pago para tus comisiones. Actualmente, la mayoría de las tiendas permite trabajar mediante transferencia electrónica de fondos (EFT – *Electronic Funds Transfer*) o mediante medios de pago seguro como PayPal.

En algunos casos, como en Amazon, recibirás pagos separados desde cada tienda independiente, por temas financieros y legales. Es muy recomendable llevar un registro detallado de todos estos pagos, de cara a la declaración de impuestos por ganancias en concepto de derechos de autor.

Al hacer clic en Aceptar (o Publicar, o lo que sea que indique tu tienda elegida), toda la información pasará por una revisión, y si es correcta podrás ver tu libro disponible en la tienda concreta pasados un par de días.

Antes de publicar...

Si estás leyendo este libro, seguramente ya habrás publicado tu libro. Si todavía no lo has hecho, puede que te encuentres en el proceso de revisión y formato.

Una práctica muy curiosa puede ser la de leer tu libro en voz alta: Te sorprenderá de la cantidad de errores que puedes encontrar y que no viste en las primeras "mil" revisiones...

También, es aconsejable que una tercera persona revise tu libro. Por supuesto, debe ser alguien de confianza y con suficientes conocimientos como para hacer una crítica constructiva, detectando otros errores (gramaticales, o de la línea temporal de tu historia) que puedas realizar de manera sistemática.

Más adelante veremos cómo la participación en foros de escritores puede proporcionarte nuevos contactos para este tipo de colaboraciones.

Promoción, promoción, promoción

Muy bien, ya has hecho todo lo que he indicado en la sección anterior, quizá alguna cosa más. Quizá hayas pedido muestras físicas de tu libro en papel, y ya te parece correcto para su venta "en masa". Vamos a ir poco a poco, subiendo la complejidad o la dificultad de cada opción.

Por supuesto, el orden de las opciones que te voy a indicar aquí es muy relativo; dependerá de tus conocimientos personales, más o menos técnicos, de tus preferencias y de tu "espíritu comercial".

- **Los libros, en la biblioteca:** Una forma muy sencilla de darte a conocer en un entorno cercano es la de regalar un par de ejemplares en papel a la biblioteca local (o, al menos, a la más cercana). Porque un paso importante, que no deberías saltarte, es el del registro de tu libro de manera oficial, para proteger tus derechos de autor. Este registro se suele realizar en las bibliotecas públicas, así que, ¿por qué no aprovechar el viaje?

  Desafortunadamente, las grandes editoriales siguen teniendo mucho poder, y el acceso de las bibliotecas a los fondos generados por autores independientes es bastante limitado fuera de Estados Unidos.

  Por tanto, y con más motivo, deberías llevar algunos ejemplares, para que aparezcas en sus bases de datos locales y los lectores puedan tomar tus libros prestados. Si les gustan, esos mismos lectores buscarán más libros tuyos, ya sea en las librerías o por Internet.

- **Creación de un blog:** Muchos autores utilizan blogs en plataformas gratuitas (como WordPress, Blogger…) para informar a sus lectores de sus progresos con sus nuevos libros, sus presentaciones (veremos esto más adelante) o simplemente contar qué libros están leyendo. O bien cualquier otra información personal.

Este tipo de plataformas se instalan de manera relativamente fácil, con distintas opciones de diseño y personalización, y permiten un acercamiento directo a los lectores. Requieren un registro básico, y pueden estar activas pasados unos minutos. Por supuesto, dependerá de ti el aspecto visual del blog, si quieres añadir imágenes (tus portadas…) y decoración, por ejemplo.

En una sección de tu blog puedes incluir también datos sobre venta directa, aunque la integración de herramientas de comercio electrónico puede ser complicada en blogs sobre plataformas gratuitas.

- **Creación de una página web:** Quizá algo más compleja que un blog, permite una mayor flexibilidad a la hora de incluir contenidos estáticos o fijos, como por ejemplo una página para cada nuevo libro, que contenga información del mismo y enlaces a las tiendas donde se puede adquirir, junto con secciones de información personal, contacto y, por qué no, un blog integrado.

Las páginas web se pueden crear, de nuevo, en proveedores de alojamiento web gratuitos, o bien en servicios de pago. La diferencia suele ser que los segundos ofrecen más servicios y herramientas para la composición y el diseño visual, junto con una velocidad de conexión quizá más alta y mayor fiabilidad en la recuperación de datos, si sucede algún imprevisto.

Los alojamientos gratuitos (*Free Hosting*, en inglés) suelen incluir su nombre en la dirección web de tu página, lo que puede hacerla larga y difícil de recordar. Por ejemplo, compara las siguientes direcciones:

http://miweb.freehosting.com

http://www.miweb.com

¿Ves la diferencia? Puedes probar a usar un alojamiento gratuito al comienzo, pero, hay alojamientos de pago por unos pocos euros al mes – quizá quieras considerar una pequeña inversión inicial, y evitarte el proceso posterior de migración de un alojamiento web al otro.

Las páginas web (de autor, personales, o bien dedicadas al libro en concreto) suelen permitir un acceso optimizado para subidas y descargas de archivos (por ejemplo, mediante FTP), y normalmente trabajarán con un gestor de contenidos (CMS, *Content Management System*), entre los que se encuentran WordPress, Drupal, Joomla...

Estos gestores de contenidos requieren ciertos conocimientos técnicos, siempre dependiendo de la orientación que quieras darle tu web. Las opciones más completas (y complejas) pueden incluir, por ejemplo, tu propia tienda *online*, para vender tus libros desde casa.

De nuevo, estas opciones requieren de ciertos conocimientos técnicos que, por otra parte, están en los archivos de ayuda de estas mismas herramientas.

- **Publica contenidos nuevos:** Este consejo puede parecerte extraño en un primer momento. Sin embargo, piénsalo. Escribes un libro, y lo pones a la venta. Si es un éxito, en el siguiente libro pones "del autor de…", o bien "segunda parte de…", si es una continuación de una serie.

Y siempre, en cualquier caso, añade tu lista de libros (completa, o bien los relacionados con el que publiques en ese momento) al final de cada nuevo libro. Mira al final de este libro, por ejemplo.

Al final, se trata de "entrelazar" tus libros, de manera que si le han gustado a un lector éste sea capaz de encontrar otros libros tuyos – antes de buscar los de otro autor del mismo tema.

- **Creación de una página en redes sociales:** Es importante diferenciar entre un perfil personal (seguramente tendrás varios, en diferentes redes sociales) y una página de autor, o del libro concreto.

Una página en Facebook, por ejemplo, te ofrece herramientas de seguimiento, que te permiten ver qué tipo de visitas tienes, qué contenidos ven con más frecuencia, o incluso desde dónde la visitan y qué edad y sexo tiene tu público.

Desde tu perfil en Facebook, puedes crear Páginas temáticas, como las indicadas arriba: Puedes crear una página de autor, donde tu comportamiento será similar al del blog descrito más arriba. La principal ventaja (junto con las herramientas que acabo de citar) es que puedes compartir contenidos externos de una manera sencilla, dando un contenido extra a la página.

El principal problema es que los algoritmos desarrollados por Facebook (ojo, y el resto de las redes sociales también) te obliga a que tus lectores "te sigan", haciendo clic en "Me Gusta", si quieren estar informados de tus novedades. Pero aunque lo hagan, sólo un porcentaje de ellos recibirán efectivamente tus actualizaciones, a menos que contrates un plan de promoción.

Estos planes de publicidad de Facebook son similares a otros (Amazon, Google AdWords...), y te aseguran un número de "impresiones" (tu publicación visible en la ventana de tus potenciales clientes) en el periodo de tiempo que definas. Para estas campañas, puedes definir tus objetivos de edad, sexo, localización, idioma...

Otras redes sociales bastante frecuentes son Twitter, Instagram, Pinterest... cada una con su orientación y su "protocolo" de trabajo. Por ejemplo, brevemente:

o **Twitter** permite publicar notas de texto de hasta 280 caracteres, pero también enlaces a páginas externas (¿tu blog?), imágenes (la portada de tu nuevo libro...) o incluso pequeñas imágenes animadas, por ejemplo, en formato GIF.

o **Pinterest** se basa más en clasificar y compartir enlaces a páginas web y blogs, pero de una manera visual, seleccionando una imagen de la web que compartes o archivas. De nuevo, puedes compartir una entrada de tu blog o página web, resaltando la portada de tu libro.

o **Instagram** es mucho más visual, y los enlaces sólo funcionan en el perfil (y no en los contenidos que se comparten). Aquí puedes compartir, de nuevo, tu nueva portada, pero también fotos tuyas firmando libros, por ejemplo.

o **Google+** fue una respuesta a Facebook, y tiene un comportamiento similar a Instagram ("manda" una imagen), pero en este caso permitiendo incluir enlaces activos en el texto de cada publicación.

o ...

La lista de redes sociales es cada día más grande, pero debes considerar el esfuerzo (tiempo) que te puede requerir mantener varias páginas o redes actualizadas. El consejo general es el de trabajar con las redes sociales con las que te sientas cómodo, y con las que lleves tiempo trabajando.

- **Participación en foros de autores:** Tiendas como Amazon (en sus dos variantes: KDP y CreateSpace) ofrecen foros donde los usuarios registrados pueden ayudarse entre sí, hacer y responder preguntas, y presentar sus últimas publicaciones.

En realidad, en estos foros suele haber más autores que lectores, pero no se debe descartar una potencial colaboración o, por ejemplo, un intercambio de reseñas o de revisiones del libro antes de publicar.

También, es recomendable buscar otras páginas dedicadas a la discusión sobre libros, como GoodReads, en la que los participantes indican qué libros están leyendo, dándoles una valoración. Puede ser una forma estupenda de conocer nuevos libros y autores – y de darte a conocer, y presentar tus libros.

Por supuesto, puedes buscar foros literarios en tu país (para compartir un mismo estilo de español) donde poder presentar tu libro, y conocer a tus lectores. De nuevo, es un acercamiento personal, algo que gran parte del público agradece. Además, pueden surgirte ideas para un nuevo libro...

- **Realización de entrevistas:** Puedes crear contenidos muy interesantes para tu blog o web a partir de tus nuevos contactos en los foros indicados en el punto anterior.

Ya sea realizando entrevistas a otros autores, y presentándolas en tu blog o web, o bien respondiendo a estas entrevistas para otros autores, y apareciendo como autor invitado en sus páginas.

Date cuenta de que este tipo de colaboraciones te permite atraer al público fiel a ese otro autor, por supuesto a cambio de que tu público también pueda conocerle y seguirle, si así lo desea.

En un primer momento, no tengas miedo (dentro de unos límites lógicos) a la competencia de otros autores "honestos", y aprovecha la oportunidad para ampliar tus círculos personales y profesionales.

- **Creación de un "*booktrailer*":** Una moda reciente es la de presentar los libros a través de YouTube (otra red social...) en forma de vídeo, como si se tratase del anuncio de una película.

  Este tipo de actividad requiere, de nuevo, de ciertos conocimientos técnicos a la hora de preparar este vídeo, con sus títulos, imágenes (fotos o videos) y transiciones. De todas formas, las aplicaciones informáticas gratuitas modernas para la edición de vídeo (como iMovie en Mac, o Windows MovieMaker) permiten alcanzar resultados bastante razonables en plazos muy cortos.

- **Promociones y sorteos:** Ya sea en tu blog, web, o página de Facebook (o de tu red social favorita...), puedes realizar diferentes promociones de vez en cuando. Puedes elegir uno de tus libros, solicitar (comprar con descuento...) cierto stock de la tienda de Internet y hacer un sorteo entre los lectores que quieran participar.

  Hasta 2017, páginas como GoodReads realizaban estos sorteos de manera gratuita para los autores, lo que fomentaba que los lectores entrasen en su web y marcasen en qué sorteos querían participar. Sin embargo, la demanda era tan masiva que decidieron limitar este servicio, cobrando (en mi opinión) unas tarifas demasiado elevadas por el servicio. De nuevo, es tu decisión, si quieres contratar este tipo de servicios.

  Si no es así, siempre puedes hacer tu sorteo "casero", y enviar por correo ordinario los ejemplares al / a los ganadores, quizá firmados y dedicados, añadiéndoles un valor que puede ser importante en el futuro.

- **"Freebies":** Otra tendencia actual en este mundo globalizado, donde casi todo se puede conseguir de manera gratuita (o a un precio reducido), es el uso de los "freebies", o contenidos extra gratuitos.

  Muchos de tus lectores (o seguidores) agradecerán que tengas detalles con ellos, que les hagas "guiños" de manera exclusiva.

  Puedes hacerlo, por ejemplo, publicando extractos de tus próximos libros en tu web o blog, para que se los descarguen de manera gratuita (y, de paso, te den su opinión, lo que les dará una impresión positiva). O historias cortas, que enlacen dos libros y que no se puedan encontrar en otro sitio.

O bien puedes preparar, por ejemplo, unos marcapáginas con publicidad de tus otros libros, o de tu web personal, con enlaces a tus redes sociales. Cada vez que envíes un libro por correo o vendas un libro en persona (en una presentación, mira el punto siguiente), incluye un marcapáginas de otro de tus libros.

Es, de nuevo, una forma relativamente barata de hacer publicidad, y estará dirigida a un cliente real (que ya ha mostrado su interés por un libro tuyo) – por lo que está más optimizada que una campaña "en masa".

- **"Acciones anónimas":** Muchas ciudades están comenzando a colocar, en lugares estratégicos, estanterías para que la gente haga un intercambio anónimo de libros. Dejas un libro que ya has leído, para que lo disfrute otro lector, y tomas a cambio uno de los que hay allí, dejado por otra persona.

Si tienes la suerte de que en tu pueblo o ciudad se realizan este tipo de acciones, considera la opción de dejar alguno de tus libros (no inundes la ciudad con ellos, pero elige uno o dos, para ver si la gente los toma prestados).

- **Presentaciones en público:** Una de las posibilidades que más respeto les da a los nuevos autores es la de las presentaciones en público. Enfrentarse a un grupo de desconocidos puede no ser fácil para mucha gente.

Pero no necesitas hacer una presentación masiva en esos grandes almacenes del centro de la ciudad. Puede ser en la biblioteca del barrio, o incluso en la tienda o el bar de ese amigo.

Una sala pequeña, que permita dar un aspecto de "llena", puede ser la mejor opción. Además, así necesitas menos preparación (quizá un poster o dos, con la portada impresa a gran tamaño). Se trata de presentar tu libro, explicar por qué lo escribiste, quizá leer unas cuantas páginas para que tu público se haga una idea del contenido del libro.

Además, te has llevado una caja de libros (de nuevo, comprados a precio de coste para el autor), quizá quince o veinte, según tus expectativas de público y el tamaño de la sala. Si puedes, véndelos por un precio inferior al que has fijado en la tienda, y dedícaselo a todo el que te lo pida…

De todas formas, entiendo que esta opción es complicada, y puede suponer todo un reto personal. No te preocupes, si no tienes la suficiente confianza puedes trabajar en las otras posibilidades.

- **Participación en concursos:** Algunas librerías y páginas web organizan concursos literarios periódicamente. En muchos casos, como en el Concurso de Autores Independientes de Amazon, lo que busca la tienda es la exclusividad, y que el contenido sea inédito.

  En el caso de Amazon, esta exclusividad es de al menos tres meses, en los que no puede estar el libro disponible en otras tiendas.

  Pero, si buscas un poco por Internet puedes encontrar otros concursos, quizá de ámbito más local, que simplemente te piden que sean obras inéditas, o al menos recientes.

  La participación puede consistir en enviar algunas copias a la dirección postal que te indiquen, de manera que los diferentes miembros del jurado puedan leerlo simultáneamente. En algunos casos, te pueden pedir que esté en un tamaño o formato concreto, pero no suele haber problemas si se entrega un libro con un formato correcto…

  Y, lo mejor de todo, ¡no necesitas ganar! Si tienes la suerte de quedar entre los finalistas, eso es suficiente para generar una nueva portada, con una pequeña nota que diga "Finalista en el concurso literario X", o algo similar.

- **Promociones de Pago:** Algunas tiendas en línea como Amazon, y otras webs (como el buscador Google o el mismo Facebook) te ofrecen la posibilidad de que tu libro aparezca en una posición privilegiada en las búsquedas – a cambio de una pequeña tarifa, quizá razonable.

  Aquí la decisión a tomar es algo diferente. Salvo la compra de unos cuantos ejemplares para hacer una presentación o un concurso, la mayoría de las opciones descritas arriba casi no requieren de una inversión inicial, o bien se pueden hacer con poco dinero.

  Ahora, contratar este tipo de campañas publicitarias puede ser un buen negocio, si consigues "acertar" en el grupo de población que comprará tu libro: Podrás definir su edad, sexo, localización geográfica… según la tienda, incluso el idioma o el sistema operativo que utilizan (lo que te puede ayudar a vender a lectores con dispositivos Android o iOS, por ejemplo).

Pero si la selección no es la correcta, puedes encontrarte con que los gastos de esa campaña superan tus beneficios de ventas... De nuevo, es una opción que debes pensar dos veces antes de contratarla.

Cómo elegir una estrategia de promoción

Lo sé, es muy fácil hacer una lista de posibilidades como la incluida arriba para promocionar un libro. Y quizá se te ocurran nuevas ideas. Pero también sé, y por experiencia, que es muy complicado realizarlas todas a la vez.

Y el problema no es el tiempo que te quite del trabajo "de verdad", o de la familia. Sino que cada una de las opciones citadas en el apartado anterior requiere una preparación previa y una ejecución correcta, para evitar el posible rechazo del público ante una web poco legible, un *booktrailer* con música estridente sin relación al libro, o una presentación en persona llena de nervios y tartamudeos.

En ese sentido, es mejor no realizar alguna de esas actividades, antes que hacerla mal.

Pero aquí tú eres quien debe decidir con qué estrategia o estrategias te sientes más cómodo o cómoda. Si tu vida está inmersa en las redes sociales, utilízalas para presentar tu libro como una extensión de tu actividad literaria en esas redes.

Si te gusta ayudar a otros autores (como es mi caso), y aprender a tu vez lo que ellos puedan enseñarte, participa en foros, haz *networking* y colabora desinteresadamente (ejem) con terceras personas.

Espera unas semanas, quizá un par de meses, para ver los resultados de tus actividades. La publicación independiente es una carrera de fondo. No esperes tener ventas el primer día.

Y un secreto: Mientras esperas, sigue escribiendo. No lo dejes. Cuando tu libro actual esté en marcha y tenga cierta "inercia" en las ventas, estarás listo / a para publicar el siguiente. Las ventas de cada nuevo libro se sumarán a las de los anteriores, y en algún momento quizá consigas unos ingresos estables...

Análisis de resultados

Cada tienda de Internet te dará la opción de comprobar tus ventas en tu área de autor. Con el tiempo (¡meses, incluso años!) serás capaz de ver si un libro se vende mejor en una tienda o en otra, o quizá puedas saber, por parte de tus lectores, qué canal de promoción te funciona, y cual no.

Claramente, salvo que tengas mucho tiempo libre deberás reforzar la promoción en el canal que sí te funciona, y quizá perder menos tiempo en los que no. También, cuando tengas varios libros podrás ver qué temática vendes mejor, lo que te indicará qué libros tuyos prefieren tus lectores.

Sea como sea, periódicamente deberías revisar tus datos históricos de ventas (la mayoría de las tiendas te permite descargarlos en forma de archivos de texto u hojas de cálculo) para ajustar tu estrategia en cada momento. Ojo, no cada día. Como digo, utiliza periodos largos para hacer tu observación y sacar conclusiones.

Ten en cuenta las fechas en las que ves (o no) tus ventas. Habitualmente, hay más ventas de libros de ficción en vacaciones (verano, navidad), mientras que los libros técnicos o prácticos suelen tener ventas (menores...) distribuidas a lo largo del año. No te desesperes si casi no vendes nada un mes determinado.

Un punto importante en cuanto a la respuesta de tus lectores: Muchas tiendas de Internet valoran mejor (y, por tanto, los muestran en posiciones ventajosas) los libros que consiguen "mover" al lector a dejar una reseña o un comentario. Mejor si los comentarios son positivos, por supuesto, pero lo importante es que tus lectores vuelvan a la tienda y hablen de tu libro. Si vuelves a las páginas iniciales, verás cómo yo mismo te pido que dejes tu opinión en la tienda donde adquiriste este... hazlo, si tienes la oportunidad.

Estrategias a largo plazo

Poco a poco, te irás sintiendo más cómodo con las estrategias que has desarrollado; como ya he comentado, la idea es que vaya entrelazando tus actividades, de manera que, por ejemplo, anuncies en Facebook o Twitter tu presentación en persona en el local de ese amigo, pidiendo a tus lectores que compartan el evento en sus propias redes sociales.

O bien incluyendo enlaces a tus páginas (web, blog, Facebook...) en un anexo de tus libros, para que los lectores que lo deseen puedan encontrarte fácilmente. O en el poster de la presentación, por cierto.

Con el tiempo, puedes intentar incluir más estrategias a tu lista, atreviéndote con algo nuevo: Una red social que apenas utilizas, o bien participando en entrevistas.

Como ya he comentado anteriormente, puedes utilizar tus libros para hacer publicidad (dentro de unos límites lógicos) de tus otros libros. Por ejemplo, tienes el enlace a un par de libros míos al final de este. Esta estrategia es ideal si publicas libros dentro de una misma serie o sobre un tema concreto: Así, si tu libro le ha gustado a un lector, podrá encontrar su siguiente lectura de manera automática al llegar al final de tu libro.

Y esa misma labor de agrupación de contenidos y enlaces en un anexo puedes acompañarla con una oferta especial. Muchos autores de series de libros de ficción suelen bajar el precio del primer libro como "gancho" para que la gente conozca el comienzo de esas series y, con un poco de suerte, adquieran más libros de la misma, ahora ya a precios "normales".

Porque, como habrás notado, una de las estrategias a largo plazo más potentes es la de seguir escribiendo. Cada nuevo libro conlleva potencialmente nuevos lectores, que pueden buscar tus libros anteriores. Un nuevo lanzamiento "refresca" las ventas de los libros anteriores.

Y, en cualquier caso, las comisiones recibidas de cada libro, por pequeñas que sean, se irán acumulando con el tiempo. Si has encontrado un tema en el que te sientas cómodo, puedes plantearte la publicación de novedades cada cierto tiempo – eso sí, espaciando tus libros de tal manera que no satures "tu" mercado.

Si eres capaz de producir gran cantidad de contenido, pero de temáticas diferentes, quizá incluso quieras utilizar un seudónimo para cierto tipo de publicaciones.

La utilización de un seudónimo puede abrirte nuevas posibilidades, como por ejemplo la de crear páginas de autor y de los libros como si fueses otra persona. Así puedes tener varios públicos diferentes totalmente separados, y no les confundirás con tus nuevas publicaciones (un lector de tus novelas policíacas puede no estar interesado en tus libros de cocina).

Sin embargo, la contrapartida es que duplicarás tu esfuerzo para mantener la información para cada nombre al día, algo que debes tener en cuenta a la hora de lanzarte a escribir con un nombre inventado.

En cualquier caso, no te preocupes: la mayor parte de las tiendas online te permiten publicar con el nombre que quieras (ojo, no debes usar nombres de personajes famosos, por ejemplo), siempre que detrás de todas las publicaciones haya una persona real (tú) para responder si hay algún problema.

Y una última estrategia a largo plazo: De vez en cuando, revisa tus libros, y cámbiales la portada. Quizá necesites una reedición para corregir un par de errores, para añadir un anexo o una introducción (de un colaborador). En esos casos, cambia la portada para darle un aire nuevo, más moderno, según las tendencias que haya en ese momento. Te sorprenderás...

Conclusiones

Escribir libros ha sido una de mis aficiones principales durante los últimos años. Y conseguir publicarlos, tenerlos en mi mano, ha sido increíble. Si tú has publicado un libro, sabrás de lo que estoy hablando. La emoción de abrir el paquete postal, ver la portada con TU nombre, hojear sus páginas y ver parte de ti reflejada en ellas para siempre...

Pero si te has tomado la molestia de seguir todo el proceso de revisión, formato y publicación, se debe seguramente a que piensas que el contenido de tu libro vale la pena, y que cierto público (más o menos extenso) podría apreciarlo, hasta el punto de comprarlo por un precio razonable.

Por otro lado, las mismas empresas que te han ayudado a tenerlo disponible en sus tiendas de Internet esperan sacar algo a cambio, a partir de las ventas de tu libro. El problema es que, habitualmente, hay cientos (¿miles?) de autores en las mismas condiciones que tú, y esas mismas tiendas que te reciben con los brazos abiertos para que publiques no pueden hacer una publicidad útil para todos esos autores.

De esta manera, la responsabilidad de hacer una promoción útil y eficaz recae en ti, y sólo en ti. Las buenas noticias son que hay multitud de opciones, y seguro que puedes encontrar la tuya - o las tuyas. Debes encontrar un equilibrio entre realizar diversas acciones (tanto en línea como en persona) y el tiempo que estas requieren de tu parte, entre la preparación y el seguimiento.

Con el tiempo (recuerda, esto es una carrera de fondo), encontrarás tu propio proceso de promoción, con el que te sentirás cómodo, e irás entrelazando tus acciones como algo natural, manteniendo a tus lectores informados de tus últimas novedades, consiguiendo que participen en tus éxitos y estén deseosos de leer nuevos contenidos de tu parte.

Enlaces de interés

- Página del autor: http://libros.agbdesign.es

Software de edición y maquetación

- Adobe – www.adobe.com
- Calibre – calibre-ebook.com
- GIMP – www.gimp.org
- InkScape – www.inkscape.org
- LibreOffice – www.libreoffice.org
- Microsoft – www.microsoft.com
- OpenOffice – www.openoffice.org
- Scribus – www.scribus.net
- Sigil - http://code.google.com/p/sigil/

Editores

- Amazon – kdp.amazon.com
- Blurb – www.blurb.com
- Bubok – www.bubok.com
- Casa del Libro – www.casadellibro.com
- CreateSpace – www.createspace.com
- Draft2Digital – www.draft2digital.com
- GooglePlay – play.google.com
- iTunesconnect   -
  https://itunesconnect.apple.com/WebObjects/iTunesConnect.w
  oa
- IngramSpark - https://www1.ingramspark.com/Portal
- Kobo Writing Life - http://www.kobo.com/writinglife
- Lighning Source - https://www1.lightningsource.com
- Lulu – www.lulu.com
- XinXii - http://www.xinxii.com

Otros enlaces...

- Etsy – www.etsy.com
- SafeCreative – http://es.safecreative.net
- Goodreads – www.goodreads.com
- Blog del autor – http://albertog.over-blog.es
- Página del autor – www.agbdesign.es

Minilibros prácticos

- YouTube – www.youtube.com
- Vimeo – www.vimeo.com
- Wikipedia – www.wikipedia.org

Minilibro práctico Nº4: No, no te vas a hacer rico con esto de Internet (¿O sí?)

Presentación

¡Hola! Seguramente no me conoces, y es complicado que nos lleguemos a ver. Soy "uno más": tu vecino, o ese tío serio que ves en el bus o en el metro por las mañanas. Pero hoy he venido a darle un poco de apoyo a tu conciencia, y a ti... una colleja.

Sí, lo sé. Todo el mundo habla de Internet, de las inmensas posibilidades que abre. De trabajos que serán clave en cinco o diez años (ya sabes, si no te reciclas, pierdes), de que lo que haces tú, esa tarea que te parece tan importante, está en peligro. Que va a venir una Inteligencia Artificial (así, con mayúsculas) y te va a quitar el trabajo.

Y se oyen (o se leen) muchos casos de gente que ha encontrado su hueco en Internet, y se han hecho ricos de la noche a la mañana. Y oye, no parece tan difícil. Muchas de esas cosas también las podrías hacer tú, con un poco de tiempo y práctica. O un poco (o mucho) de morro. ¿O no?

La verdad, suena muy bien eso de tener ingresos pasivos desde casa, con tu chándal de los domingos (o tus gayumbos, es una elección personal). Y si esos ingresos te permiten librarte de tu trabajo de ocho (o nueve, o diez...) horas viéndole la cara a tu jefe... ¿Por qué no intentarlo?

Bueno, lo primero de todo, no tienes que creerte todo lo que veas, oigas o leas en Internet. Que ya somos mayorcitos.

Si está en Internet, debe ser cierto (George Washington).

4. No, no te vas a hacer rico con esto de Internet (¿O sí?)

Pues bien, como te decía, vengo a ayudar a tu conciencia, para intentar convencerte de que esa NO es una buena opción. O no lo es al menos para el 99,99% de los usuarios de Internet. En la mayoría de los casos, te convendrá más seguir con tu trabajo "normal", cuidar de tu familia y de tus amistades, leer un poco (y quizá, mejor en papel), pasear al aire libre, tomar un poco el sol… Ya me entiendes.

Lo sé. Quizá suene un poco (o muy) pesimista. Pero después de unos cuantos años probando cosas, sé de lo que te hablo… Más que pesimista, soy realista. Déjame que te cuente unas cuantas cosas. Eso sí, sólo me voy a entrar en opciones legales. No vayamos a liarla…

Ah, por cierto: Este libro está publicado de manera independiente (leerás sobre esto enseguida). Si te ha gustado, o si he conseguido convencerte, te agradeceré que dejes una opinión en la tienda donde lo adquiriste – más adelante te contaré lo que es la visibilidad en Internet.

Y, como siempre, si de verdad consigues hacerte rico estaré disponible para que me lo cuentes, y quizá me vea obligado a escribir una nueva edición de este libro. Pero tengo mis dudas de que eso vaya a suceder… ¡suerte!

Valencia, Mayo de 2019

Introducción

Internet ha llegado en oleadas, desde los tímidos años 90 del siglo pasado. Desde un conjunto de textos más o menos coloreados que se enlazaban entre sí, Internet fue permitiendo la adición de imágenes, sonidos y finalmente video, en sus diferentes versiones estáticas o en vivo, grabadas o bajo demanda.

Dejando aparte sistemas como las BBS y los servidores FTP, una primera revolución permitió que un usuario con unos pocos conocimientos básicos del lenguaje HTML (en el que se escribían las páginas web) y un par de herramientas de conexión y transferencia de datos a un servidor remoto, pudiese tener su "presencia" activa en Internet, con webs estáticas, habitualmente con colores chillones y con la fuente Comic Sans en la mayoría de los textos.

Todas las webs con veinte años o más pueden presumir de haber mejorado mucho (¡mucho!) en su imagen pública en Internet…

Afortunadamente, esa época ya pasó, y seguramente para bien.

Sin que te enterases, "debajo del capó" de tu web pasaron lenguajes como Java, Javascript… y otras cosas que, con un poco de suerte, nunca tendrás que aprender.

Esos elementos supusieron una segunda fase, y diferenciaban las webs "profesionales", de las de simples aficionados. Aunque había mucha tontería, también: El hecho de programar un contador de visitas parecía al mismo nivel que poner un cohete en la luna.

Una tercera oleada permitió la creación de "sitios" con un contenido más trabajado (si le echabas unas horas; si no, tu web de colores chillones con Comic Sans seguía siendo la misma mierda, más o menos). Aparecieron las primeras herramientas de gestión de contenido, que escribían parte de ese código HTML por ti.

En paralelo, las pantallas (las últimas de tubo de rayos catódicos o CRT, y las primeras de cristal líquido LCD) crecían en resolución, al igual que la capacidad de los ordenadores para representar nuevos contenidos con más calidad. Si los tenías, claro. Esa web sobre juegos de rol casi no cambió.

Entonces, hubo una nueva revolución: La extensión del protocolo HTML a su quinta generación, que permitía hacer "casi de todo": Los gestores de contenido eran cada vez más potentes, con el uso de lenguajes como PHP, las herramientas SQL y las hojas de estilo "en cascada", las CSS. Los gestores de contenidos tradicionales (Wordpress, Drupal, Joomla...) iban aumentando en número, creciendo y especializándose.

Además, casi cualquier dispositivo era susceptible de conectarse a Internet (y no veas la que nos viene para la próxima década con el llamado Internet de las Cosas). Los contenidos se podían adaptar ahora a tu teléfono inteligente, a tu reloj, o incluso a tu nevera.

Y tú, sin enterarte de nada, y sin tener que hacer apenas cambios en tu web. Por suerte, ya no usas Comic Sans.

Así, hemos llegado hasta hoy, donde es realmente sencillo crear contenidos del tipo que sea, subirlos a Internet e intentar sacarles, además, un rendimiento económico. Puedes hacer prácticamente cualquier cosa que se te pase por la cabeza, sí... Pero eso no significa que vayas a ver ni un Euro. Lo siento.

Porque casi la mitad del planeta está conectada a Internet, de una manera u otra. Y eso es mucha gente. Si sólo un uno por ciento de esos dos mil y pico de millones de personas tiene una idea parecida a la tuya, eso significa que tienes más de veinte millones de competidores directos... Te puedes imaginar. O bien eres muy bueno, o no te vas a comer ni los mocos.

Aún así, aquí estamos. Tienes interés. Eso, en realidad, es bueno, y te diferencia de una patata. En este libro te voy a hacer una lista de opciones que puedes intentar. Todas son válidas, y al parecer a mucha gente le funcionan. ¿Por qué no te iban a funcionar a ti?

Pues porque no. Al menos, estadísticamente. Confórmate con sacar unos eurillos al mes, para comprarte ese libro nuevo, invitar a tu pareja (o a los niños) a comer fuera, o al cine. Vamos a ver cómo.

Cómo hacerse rico en Internet (o no)

En esta sección principal, voy a hacer un listado de un montón de opciones, con una complejidad creciente que, normalmente, hará que el esfuerzo necesario sea mayor cada vez.

De nuevo, allá tú. Yo te cuento lo que hay, desde un punto de vista realista. Que no, que no soy pesimista. Léelo, y luego me cuentas si no estás de acuerdo.

Si te da vértigo intentar alguna, lo mismo es hambre. Haz una pausa, come algo, bebe agua. Y sigue leyendo.

Escritura de un Blog

También podría ser una página web genérica, sobre un tema cualquiera (recuerda, esa web sobre los juegos de rol). Es muy, muy sencillo comenzar un blog nuevo. Créeme, yo he comenzado media docena. Todos con el mismo éxito. O el mismo destino, es decir, el olvido, apenas pasados unos meses.

Y es que es muy fácil apuntarse a una plataforma cualquiera (como Wordpress o Blogger, por ejemplo), abrir una cuenta y comenzar a escribir entradas en un blog. Salvo temas delicados (armas, violencia, sexo y filias varias...), nadie te preguntará sobre tus contenidos.

Esas plataformas, muchas de ellas gratuitas, te permiten configurar la apariencia de tu blog, subir tus imágenes o vídeos y llevar un poco de orden. Ojo, los contenidos deberían ser tuyos, o bien sería bueno que tuvieses el permiso de los autores para publicarlos.

Las plataformas más completas te permiten definir ciertos contenidos restringidos (tanto páginas web protegidas para visitar en línea, como documentos para descargar), que sólo tus suscriptores podrán acceder. Y es ahí donde quizá puedas obtener algún pago simbólico de estos suscriptores.

Pero precisamente esa facilidad para crear un blog hace que haya miles, millones de personas como tú. Así que, para triunfar en el mundo del blog, debes tener en cuenta una serie de puntos, que vamos a ver a continuación.

Desde luego, los contenidos de tu blog deben ser **originales e interesantes** para tu público. Debes buscar tu mercado, tu "nicho" (de verdad, se usa ese término), gente que te buscará para leer tus entradas en el blog, y en tu idioma. Y esto nos lleva a más problemas. Si tu contenido es muy concreto

4. No, no te vas a hacer rico con esto de Internet (¿O sí?)

(pintura en cuevas con substancias orgánicas, o cómo tallar caballos de ajedrez con una navajilla) tu público será necesariamente reducido.

Y será complicado llegar a ese público reducido y conseguir que te conozcan y te sigan. Además, seguramente esperarán contenidos regularmente, ya sea a diario o una vez a la semana o al mes. Debes estar seguro de que podrás crear esos contenidos periódicamente, y que serán mejores (o al menos del mismo nivel) que los de tus competidores directos.

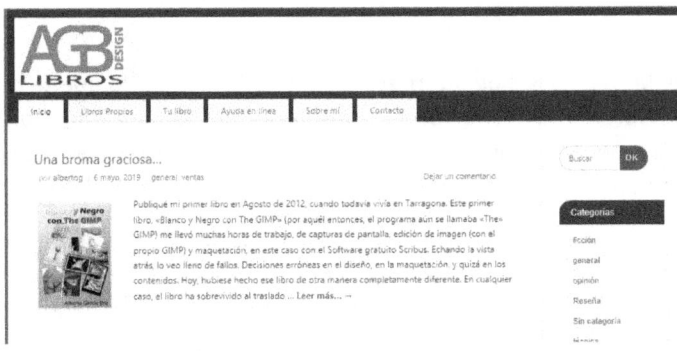

Yo mismo tengo un blog sobre mis actividades de autopublicación… ¿Ya lo sigues? Seguramente no…

Por supuesto, puedes hacer un blog o una web de un tema más general, intentando buscar más público potencial. Por ejemplo, puedes hacer un blog de cocina. Si buscas en Internet, eso le funciona… a miles de personas. Entonces, la pregunta es ligeramente diferente. ¿Qué tendrá tu blog que no tengan esos otros miles de páginas sobre cocina?

Que sí, que puedes cocinar de maravilla (tu pareja está encantada), y se te da bien la fotografía. Y tus ajustes de Wordpress son muy chulos (de nuevo: olvídate del Comic Sans). Pero antes de liarte la manta a la cabeza, mira lo que hacen tus (potenciales) competidores, y decide honestamente si tú lo puedes hacer mejor, o si puedes aportar algo que no esté ya en esos miles de blogs.

¿No? Vaya.

Y el siguiente problema es ese cobro de una cuota simbólica por la suscripción. Hoy en día casi todo está disponible, de manera gratuita, en Internet. Ya sabes, Google lo sabe todo, YouTube lo tiene todo. Así que, dentro de tu público objetivo, la proporción de gente que estará dispuesta a pagar lo que sea para acceder a contenidos exclusivos, por muy poco que pidas, será reducida.

Definitivamente, no esperes hacer dinero con un blog. Claro, la excepción es si eres una persona famosa, y ya tienes tu público fiel. Si eres un actor famoso, o una cantante de moda... Puedes crear un blog con fotos de tus pies y hacerte realmente rico. Pero claro, ya lo eras antes de hacerlo...

Vamos a subir un nivel, para el resto de los mortales.

Vende tus libros

Una de las maravillas de Internet es la de poder vender lo que tú quieras. Esto lo veremos en una sección posterior. Sin embargo, hay un tema especial, que está subiendo como la espuma en los últimos años: el de la autoedición.

Y es que, hoy en día, es realmente sencillo preparar contenidos propios, organizarlos, darles un formato atractivo y publicarlos por Internet, sin coste alguno, para tenerlos disponibles en las principales tiendas online. Este libro, por ejemplo, está preparado desde el salón de mi casa, a ratos perdidos una vez que mis hijos se han ido a dormir.

O bien podrías compilar las entradas de tu blog o web, en cuanto tengas una "masa crítica", añadiendo algo más de contenido para tus seguidores fieles. Digamos cien páginas de contenidos del blog, más una introducción, algunos artículos nuevos... y ya lo tienes.

Así que, si te lo trabajas un poco, puedes convertirte en el nuevo *best-seller* de Amazon, por ejemplo. Andy Weir, autor de "El marciano", lo publicó inicialmente por capítulos de manera gratuita (oh) en su blog (vaya), antes de dar el salto al papel (ajá). Hasta que tuvo este éxito (triunfó a partir de sus lectores del blog, que le hacían la publicidad mediante el boca-a-boca), era un desconocido como tú o como yo...

Pero para, para. Con esto tampoco te harás rico. ¿Qué te habías pensado? Bueno, de nuevo en Internet, también encontrarás cientos de personas que te contarán que se hicieron ricos de la noche a la mañana, con su libro de treinta páginas sobre polinización y cruce de orquídeas. O sobre cocina con harina de cannabis. O cualquier otro tema descabellado. Incluso, sobre cómo hacerse rico en Internet. Vamos a ver.

La publicación de un libro requiere mucho tiempo. Claramente, depende del tema y de su extensión. Un libro como los comentados arriba (que seguro que los hay, o similares...) se puede preparar en un par de semanas. Para su publicación como libro electrónico, basta con un archivo en formato DOC de Word, mínimamente "limpio".

Eso lo puedes hacer. Copias y pegas los *posts* de tu blog o web, miras que sigan un "hilo conductor" para que tus lectores le vean sentido. Preparas tu libro electrónico (o *ebook*), lo publicas, y quizá tendrás unas cuantas ventas el primer mes. Y hasta ahí hemos llegado. Enseguida te cuento más.

Si quieres publicar en papel, las condiciones y los requisitos son otros. La composición debe ser más cuidada (por ejemplo, añadiendo los números de página, encabezados, notas al pie...), y la portada requiere más trabajo. Y si quieres publicar un libro "como dios manda" (digamos, una novela de unas 300 - 400 páginas), tienes todo el trabajo previo de escribirlo. Casi nada.

Como podrás imaginar, la publicación de un libro normal no es algo inmediato. Mi primera novela, "**Resurrección**" (si te interesa, tienes un enlace al final de este libro), tardó más de tres años en ver la luz. La escribía (de nuevo) a ratos libres, en mis viajes del trabajo "de verdad", y pasé el último año editando, montando capítulos, escribiendo escenas que conectaban entre capítulos, corrigiendo errores de argumento...

Claro que si te dedicas a esto al cien por cien puedes tener algo mucho antes - quizá en un año. Una vez más, no es algo para hacerse rico de la noche a la mañana, sin esfuerzo. Y recuerda que hay que dormir un poco, y comer.

Problemas...

Pero eso no es todo. Hay gran cantidad de plataformas donde publicar (tienes también algunos enlaces al final de este libro). En todas ellas, el proceso es similar: haces un registro con tus datos reales (nombre, email, información fiscal y de pago) y subes tus libros, en formato DOC o PDF (interior) y en JPG o PDF (portada). Ojo, en la mayoría de plataformas puedes utilizar un seudónimo, si no quieres usar tu nombre real en el libro. Defines un precio, y unas horas después... ¡Ya estás a la venta!

Pero esa misma facilidad para publicar, apenas sin controles de contenidos o de calidad, hace que, por ejemplo, haya más de un millón de autores en Amazon, con más de cinco millones de publicaciones activas en la tienda americana. Y se publican cientos de libros nuevos cada día.

Cuando publicas tu libro, éste es visible durante unos días en la lista de novedades. Y hay listas de novedades por temas, así que tienes posibilidades de que se mantenga ahí por un tiempo y la gente encuentre tu libro, si el tema es muy concreto. Pero a los pocos días, tu libro desaparece de esas listas (sustituido por las "nuevas novedades"), y cae en el olvido, hundiéndose en ese saco sin fondo de los millones y millones de libros.

De manera que publicar un libro es sólo la primera parte. Después, hay toda una labor de promoción y colaboración con las diferentes plataformas, si quieres mantener tu libro "a flote" en ese mar de publicaciones. O bien escribes más libros, y creas un "universo" propio, con más contenidos, y con la esperanza de crear un público fiel que te siga y promocione tu obra.

Por cierto, que la comisión por venta de un libro electrónico (típicamente, vendido a 0,99€ incluyendo el IVA) puede rondar los 0,30€ - 0,45€, según la tienda. ¿Cuántos libros tienes que vender para vivir de eso? Y con las versiones en papel la comisión es algo más alta, pero tampoco es como para tirar cohetes...

Ah, y esos ingresos, como en el resto de las opciones de este libro, debes declararlos como ingresos pasivos (royalties). ¿No pensarías que los 0,30€ eran todos para ti, no?

Así que, ¿De verdad piensas que puedes triunfar en el mundo editorial como autor independiente? Una vez más, no conozco a nadie que lo haga. Sí que hay gente que saca unos ingresos suficientes para pagarse algún pequeño capricho al mes. Pero poco más.

Dicho esto: si tienes un libro en un cajón, o una idea clara de lo que publicarías... ¡hazlo! ¿Quién sabe? Quizá tú seas la excepción... aunque lo dudo.

De todas formas, siempre son mejores unos ingresos mínimos (y periódicos, para toda la vida, algo muy interesante), que nada en absoluto.

YouTube, Vimeo... ¡Estoy en la tele!

De la misma manera que puedes crear tus libros, subirlos a una plataforma y venderlos, también es posible trabajar con contenidos multimedia. En Internet encontrarás una gran variedad de plataformas donde subir tus contenidos, de cualquier tipo: videos de cocina, de consejos de estilo, mostrando cómo abres tu último pedido a esa tienda china, o enseñando tus habilidades en la edición de imagen. O cayéndote al suelo con tu patín en múltiples escenarios.

Claramente, la plataforma que triunfa ahora es YouTube, aunque cada vez más hay otras (Vimeo, Amazon, Apple...) en busca de contenidos diferentes. Incluso Instagram está comenzando a permitir videos de hasta una hora de duración, aunque los videos actuales suelen estar entre cinco y diez minutos.

¿Y qué puedes ganar con eso? Bueno, la mayoría de estas plataformas utiliza los contenidos de terceros (es decir, tus videos) como medio para incluir su publicidad, que es donde ellos hacen el dinero. En la sección de Enlaces de Afiliación hablaré más sobre el tema, pero baste decir que te puedes llevar una comisión si los enlaces que insertan en tus videos se transforman en ventas finales para el anunciante de turno.

Así que lo que quieres (por si no lo sabías...) es que tus vídeos triunfen, y sean de los más vistos. Pero no por ti, aunque sí hay un punto narcisista aquí. Sino por que cuanto más se vean tus videos, más posibilidades tienes que se muestre la publicidad y haya una venta real desde esos enlaces y una comisión para ti.

Pero, ¿Cómo se hace esto?

Bueno, hay dos opciones. La primera, que lo "petes" con un vídeo, que se haga viral. Hay mucha gente haciendo tonterías en vídeos (o incluso recopilando listas de tonterías, o listas de los temas más insospechados), por lo que la competencia es dura. Claro, que si has tenido la suerte de grabar cómo esa avioneta ha aterrizado en el parking del Carrefour, juegas con ventaja... Aunque tus probabilidades son bastante bajas.

Así que la otra opción es la de crear contenidos más serios (o no), y, sobre todo, de manera constante y periódica. Pueden ser vídeos tuyos cantando o tocando un instrumento, cocinando, jugando al juego de moda... Lo importante es que capten el interés de un público determinado.

Pero esos vídeos también deben tener "algo" que los diferencie del resto de miles, o millones, sobre el mismo tema. Por eso debes cuidar su producción, utilizando una iluminación correcta, quizá un micrófono que elimine el ruido de fondo, y no estaría de más que tuvieses una pequeña animación o cabecera para dar una imagen similar a todos tus vídeos. Crearte una imagen de "marca", como dicen en el mundillo.

Después, hay muchas herramientas de edición de video que te permitirán recortar esos silencios incómodos, esa tos, esas dudas. O montar diferentes escenas en el orden correcto.

Al final, podrás subir tus videos a la plataforma que sea (ojo, los archivos son grandes, es recomendable tener una buena conexión), creando, poco a poco, tus contenidos, tu "canal", al que se podrán suscribir tus seguidores.

Para no perder su interés, deberías publicar periódicamente, reforzando así su atención y tu imagen como productor de contenidos, y multiplicando tus posibilidades de mostrar la publicidad correcta al público adecuado, lo que incrementa a su vez la probabilidad de una venta efectiva...

Subir vídeos a las diferentes plataformas suele ser gratuito. A cambio, no cobras nada de nada. Si quieres hacer beneficio, las plataformas te exigirán unos mínimos, habitualmente que alcances un umbral de seguidores y/o de horas de visionado de tus contenidos. Sólo entonces te considerarán "comercial", y comenzarán a compartir sus beneficios contigo.

Entonces, ¿Qué eres capaz de mostrar en un vídeo que no se haya hecho ya? ¿Sabes editarlo y que quede chulo? ¿Y todo eso te parece rápido y sencillo? Buf. A mí, no.

Yo mismo tengo un plan trazado de cómo comenzar con mi canal de YouTube... desde hace años. De vez en cuando, desempolvo la lista de videos que haría, incluso tengo un guion preliminar de lo que debería decir y hacer (soy muy malo improvisando). Pero no estoy del todo cómodo hablando a una cámara, y no saco el tiempo para preparar la primera media docena de vídeos que me den ese "empujón" para seguir.

Pero si tú tienes los medios, la idea, el tiempo, y no te importa hablar ante una cámara (o al menos en un micrófono), lánzate y cuelga un par de vídeos. Y ya me contarás cómo te va. Yo, desde luego, no lo veo claro. Salvo que tengas un golpe de suerte, el gestionar un canal en YouTube no es una forma ni rápida ni sencilla de hacerte rico... En fin. Pasemos página.

Hazte Influencer

Una variante moderna muy graciosa de la creación de contenidos para una web, blog o canal de videos es la de hacerse *Influencer*. Que no deja de ser el actuar como un reclamo comercial para las marcas que quieran invertir en ti. Antes, los *influencers* eran los famosos que salían en las películas y revistas, y todo el mundo intentaba copiar sus estilismos. Ahora, cualquiera puede (intentar) ser un *influencer*... en fin.

Básicamente, debes generar una base de seguidores asiduos, que recibirán cualquier sugerencia por tu parte casi sin cuestionarse si realmente vale la pena. Gente a la que le guste cómo hablas a la cámara, la ropa que te pones (y cómo la luces), o lo bien que te sientan esos complementos.

Una vez que tienes media docena de seguidores (o un par de centenares...), puedes ir a las diferentes marcas o empresas a ofrecer "tus servicios", poniéndote su ropa y complementos, o comiendo en sus restaurantes, por ejemplo. Y, por supuesto, grabando vídeos con tu experiencia, que es de lo más increíble que has hecho nunca. Cada vez. Cada día.

Si consigues echarle el suficiente morro, y eres mono / mona (o estrafalario, que también los hay), puedes llegar a tener una gran cantidad de seguidores, y entonces serán las marcas quienes te busquen a ti para "colocar" su producto en un escaparate (tú) que ha demostrado que atrae a cierto tipo de público.

Claramente, los guapos, ricos y famosos te llevan ventaja aquí. Puedes buscar por Internet cuánto cobran ciertos personajes (y "personajas") por ponerse un top, enseñar un reloj... O hablar de lo bien que les ha ido esa crema facial "desde siempre".

De todas formas, sí que hay personas que se trabajan el tema de la influencia (en moda y estilo personal) en las redes sociales de manera profesional, con un equipo de asesores de imagen y producción técnica muy respetable. Hacerlo bien requiere de un gran esfuerzo. De nuevo, quizá no sea algo que puedas hacer para ser rico de la noche a la mañana. ¿O sí?

Venta por Internet

Tiendas como Etsy o la misma Amazon están permitiendo que cualquier persona con una habilidad manual concreta (pintura, ganchillo, orfebrería...) sea capaz de vender su trabajo por Internet, teóricamente a cualquier parte del mundo.

Claramente, el primer paso es tener ese producto. ¿Qué sabes hacer? Si hay algo que domines, y que te resulte sencillo y rápido de fabricar, con unos costes contenidos, puedes liarte la manta a la cabeza y montar un negocio de venta por Internet.

Y puede ser realmente cualquier cosa. Sólo tiene que ser un producto que tu público busque o desee, o que tú seas capaz de convencerles de que lo necesitan (esa parte del marketing la dejamos para otro día...). Llaveros en cuero personalizados. Ropa interior bordada. Camisetas serigrafiadas. ¡Tu propia línea de ropa!, juguetes o puzles en madera, gorros de lana hechos a mano... Piezas impresas en 3D para reparar muebles. Pequeños montajes electrónicos para hacer inteligente el rollo de papel higiénico. Decoración hecha con basura reciclada. Lo que sea.

Aquí, hay (al menos) tres opciones diferentes. En este caso, las tres suponen que tengas un stock inicial, pero igual ya tienes un armario lleno de calcetines de lana hechos a mano...

La primera opción es que prepares tu propia tienda online, aprovechando tu blog o web. Hay módulos para instalar y configurar en las principales plataformas de gestión de contenidos (CMS), como Wordpress, Drupal, Joomla... Busca dentro de la plataforma que estés utilizando. Si tienes un alojamiento web contratado, tu proveedor de Internet quizá ya disponga de estas herramientas, y sólo tengas que activarlas.

Eso sí, el hecho de gestionar una tienda online te obliga a registrarte como empresa o como autónomo, según el tipo de actividad empresarial y su escala. Y declarar tus ingresos, pagar tus impuestos, y la cuota de autónomo y/o de la seguridad social, según dónde residas. Quizá todo esto sea muy complicado para comenzar. Y creo que te lo he dicho ya: No vas a vender ni un pirulo. Al menos, al principio. Echa cuentas, quizá esta opción no es para ti.

La siguiente opción es dejar que otros gestionen la tienda por ti. Es el caso de Etsy, y otras plataformas similares. Después de un registro rápido, puedes crear tu tienda en su plataforma, y anunciar tus productos (subiendo un par de fotos chulas). Si alguien compra en esa tienda, te llega un email con el pedido, y eres tú quien hace el envío efectivo. Recuerda que debes indicar los costes de envío en la tienda, para evitar confusiones.

Aunque esta actividad económica también debería declararse, ahora tus ingresos vienen de una fuente única externa (la tienda que sea), y te corresponde a ti entender en qué situación te encuentras: Si son unos ingresos secundarios (en paralelo a tu trabajo "de verdad"), si llegan al mínimo para declarar como ingresos en tu país...

En cualquier caso, tanto tener una tienda propia como trabajar con plataformas como Etsy te obligan a tener cierto stock de productos terminados (o casi terminados, si son personalizables) en casa, con los consiguientes requerimientos de inversión inicial en materiales y espacio para almacenaje, y de tu tiempo para preparar todos esos productos por adelantado, antes de "abrir" tu tienda virtual.

De nuevo, no es la situación ideal, si lo que buscabas era hacerte rico rápidamente sin hacer nada. Pero tú te lo has buscado. No digas que no te avisé. Y como en casi todas las opciones descritas en este libro, cuanta más preparación previa, mejor el posible lanzamiento. Te corresponde a ti decidir cuánto tiempo, dinero y espacio (y vida social y familiar...) quieres dedicarle a esta actividad. Si estás convencido, ¡no lo dudes!

Pero aún nos queda una tercera opción, y es la de jugar en una liga superior. Algunas tiendas como Amazon te ofrecen su plataforma para vender tus productos. Aunque te permiten trabajar de forma similar a Etsy (eso sí, cobrándote una cuota mensual importante, como empresa), la forma habitual de trabajar es ligeramente diferente.

En este caso, puedes enviar un stock de tus productos (una vez más, requiere de este paso previo) al almacén logístico de Amazon, que lo clasificará y lo añadirá en sus existencias. De nuevo, cobrándote una mensualidad - en este caso, por el alquiler de la "estantería" donde almacenarán tu producto. Que, por cierto, debe estar embalado con unos mínimos de calidad para su procesado en el almacén de Amazon. Más costes añadidos.

Entonces, puedes añadir tu producto a la tienda de Amazon (también puedes crear tu propia tienda o canal allí), y ofrecer tus calcetines. Si no quieres enviarles el stock (lo que te ahorra los costes de alquiler de su almacén) y trabajas "como con Etsy", al recibir el aviso de la compra tienes que enviar tú el producto personalmente. Si has enviado tu producto al almacén de Amazon, este aparece como "enviado por Amazon" en la tienda, y ellos se encargan de todo.

Sea como sea, al final, tú verás tu parte de la venta, normalmente por transferencia electrónica (o por PayPal, en caso de otras tiendas).

¿Es la venta online algo para ti? De nuevo, depende de tu producto, de cómo seas capaz de venderlo (de que sea único, o de que la gente lo necesite), y de que el margen económico te permita cubrir las diferentes cuotas descritas arriba: mensualidades, impuestos, cuotas de autónomo, alquiler del espacio de almacén de Amazon...

Ten en cuenta que, para vender bien, tu producto debe ser diferente a otros similares. Y que, si tiene un éxito rotundo, enseguida tendrás competidores que copien tu producto, intentando mejorarlo y ofrecerlo "por un euro menos".

Por supuesto, desde un principio puedes ser tú quien intente copiar un producto existente, haciéndolo diferente y/o a un precio mejor. Pero esto implica entrar en una dinámica de monitorización del mercado y revisión periódica de tus productos y de tu estrategia de promoción. Más horas de trabajo para tu plan de hacerte rico en dos días.

Lo que sí está claro es que vender un producto físico conlleva unos requerimientos y una preparación previa que quizá no son lo que buscabas. Desde luego, no es una forma rápida de hacer dinero, y requiere una inversión inicial.

Además, una vez fabricado el producto necesitas una labor intensiva de promoción para darte a conocer, para llegar a tu público y convencerle de que no pueden vivir sin tu producto... ¿Es lo que buscas? Ya me lo imaginaba... ¿Y qué pasa si tu producto pasa de moda, y se deja de vender? Te vas a comer el stock con patatas... Vamos a ver más opciones.

Enlaces de afiliación

¿Cómo? ¿Que no sabes lo que son los enlaces de afiliación? Vaya, estás perdiendo una fortuna... O eso dicen algunos, por lo menos. Vamos a ver.

Como ya he contado en un par de ocasiones en este libro, todas las empresas (y ahí te incluyo a ti) necesitan tener una buena visibilidad en Internet para vender. Vender lo que sea. Pero si no llegan al público deseado ("público objetivo" o "nicho de mercado"), todos sus esfuerzos en publicidad pueden ser en vano, tirando cientos, miles, incluso millones de euros o dólares a la papelera.

Por cierto, dinero que tú no tienes. O que no quieres gastar en algo inútil. Se supone que intentas ganar dinero, no invertirlo ni tirarlo.

Así que, desde hace muchos años, las grandes empresas de Internet (Amazon y compañía) tienen programas de captación de socios (denominados afiliados, o sea, tú), buscando que estos les hagan esta publicidad a cambio de una pequeña comisión de las ventas.

Y es así de sencillo. Tienes un blog, una web o un canal de YouTube, con unos cuantos seguidores fieles, o un público que te llega con relativa frecuencia desde Google, buscando información de "tu" tema, en el que eres experto. Entonces, incluyes en tu sitio publicidad de estas empresas, que son capaces de reconocer (los enlaces tienen una estructura especial...) que sus compradores vienen "de tu parte".

Por supuesto, es fácil bombardear a la familia y a los amigos con enlaces y peticiones de compra "por una buena causa". Pero, después de una o ninguna compra, te añadirán a sus direcciones de correo no deseado. Y te quedarás sin amigos. Sin familia no, pero igual ya no te invitan a comer los domingos.

Así que, lo que haces, o lo que hace mucha gente en Internet, es simplemente presentar esos productos (si tienes un canal de cocina, puedes anunciar, por ejemplo, sartenes, o ese guante de silicona que te permite sacar el pastel del horno sin quemarte) y sugerir que los compren en las grandes tiendas de Internet, utilizando tus enlaces. Lo mismo que un *influencer*, vamos, pero enseñando sartenes en lugar de ropa o complementos.

O bien puedes insertar directamente anuncios de las tiendas de Internet en tu web o blog. La tienda online concreta te facilitará estos contenidos, de manera que sólo tienes que "cortar y pegar", para incluir un *widget* en tu página creada con Wordpress. Esos enlaces pueden apuntar a campañas concretas o secciones de la tienda, o bien a un producto determinado.

Pero vamos a dar un paso atrás, que me estoy adelantando. Lo primero que tienes que hacer, es buscar en tus tiendas favoritas, normalmente en el pie de página, un enlace del tipo "Afiliación". Tienes enlaces de este tipo en Amazon, DealExtreme y Gearbest, por ejemplo. Y en casi cualquier otra tienda. Ahí tienes todas las condiciones y la letra pequeña, conviene que te la guardes o la imprimas, por si acaso.

Una vez has hecho el registro (nombre y mail, forma de pago), la tienda te asigna un usuario, y habitualmente una herramienta en línea para crear los enlaces. Así, puedes acabar con un enlace del tipo

www.latienda.com/una-cosa-chula/?tag=mi-codigo-de-afiliado

Ese enlace, único para ti, es el que usas en tus posts del blog, y la etiqueta (tag) es la que le indica a la tienda que sus visitantes llegan desde tu blog, o al menos desde tu cuenta. Ese mismo enlace lo puedes usar, por ejemplo, en la descripción de tu vídeo en YouTube.

Las buenas noticias son que habitualmente no tiene ningún coste el apuntarse a estos programas de afiliación. Si se llega a vender algo, la tienda te pagará tu comisión tal y como se describe en las condiciones del contrato (por transferencia bancaria o por PayPal, mensualmente o cuando llegues a un umbral mínimo, etc.). Si no vendes, que es lo más normal, pues no pasa nada.

Además, no suele haber cláusulas de exclusividad, por lo que puedes tener enlaces de varios programas de afiliación funcionando en paralelo. Ojo, corres el riesgo de abrumar a tu público con tanta oferta, si llenas tu web de recuadros de publicidad. Tus visitantes deben ser capaces de diferenciar la publicidad de tu contenido propio.

Otro punto importante de los programas de afiliación es que no tienen ningún impacto en el comprador final. Tu comisión sale directamente del beneficio de la tienda, y no implica un sobreprecio o un trato diferente en la compra.

Además, la tienda online considera todas las compras que haga este visitante - y no sólo el producto que has recomendado. Si promocionas un libro y el comprador adquiere media docena, tendrás comisión de todos ellos. En el fondo, tú has conseguido esas ventas.

Y lo mejor de todo, muchas tiendas utilizan las famosas "*cookies*", que recordarán, durante un tiempo determinado (un día, una semana...) que ese visitante vino de tu parte. Si dentro de ese periodo vuelve a visitar la tienda, aunque ahora ya no sea a través de tus enlaces, la venta (y su comisión asociada) contará como tuya.

Suena a negocio redondo, ¿no? Pones enlaces externos en tu web y te sientas a ver cómo entra el dinero. Pues no.

Cuentas...

Ahora viene la parte no tan buena. En Internet, las empresas trabajan con "indicadores clave de rendimiento" (KPI en inglés, "*key performance indicators*"). Por ejemplo, hablan de "impresiones" cuando el anuncio se muestra efectivamente en la pantalla de un visitante, por ejemplo, al abrir tu web o blog. De ahí, un valor muy utilizado es el del porcentaje de clics por impresión (la cantidad de gente que realmente visita el enlace, y no sólo lo mira en tu web o lo ignora...). Una cifra buena estaría sobre el 1 - 2%.

Y, a partir de ahí, hay otro indicador que estima las ventas reales por cada visita efectiva, que puede rondar también el 3 - 5%, en el mejor de los casos.

Así que, si todo va bien, diez de cada DIEZ MIL visitantes de tu blog abrirán el enlace y comprarán algo. O lo que es lo mismo, uno de cada mil. Te puedes imaginar. Volvemos a lo de siempre. ¿Cuántos visitantes mensuales dices que tiene tu web? Ya me parecía... Así que puedes conseguir una o dos ventas al mes. Chupi.

De modo que el tema de la afiliación tampoco te hará rico. Ya te lo decía yo. De todas formas, incluir estos anuncios (si ya tienes esa web o ese blog por adelantado...) lleva unos pocos minutos a la semana o al mes, por lo que no es una mala idea tenerlos como un plan B, o C, o D...

Y, por supuesto, depende del tipo de enlace que incluyas. Por ejemplo, Amazon paga alrededor del 5% por ventas en su departamento de electrónica. Si consigues que tus enlaces produzcan una venta de una televisión, o de una cámara fotográfica, la comisión puede ser muy interesante, aunque se trate de una venta única. Claramente, no es lo mismo que llevarse un 3% de la venta neta de un libro en formato electrónico a 0,99€ con IVA incluido.

Otras tiendas, como GearBest o DealExtreme, tienen gran parte de su negocio en la venta de una cantidad inmensa de "tontadas" a uno o dos euros. Como el IKEA, vamos. Nunca llevas intención de comprar nada, pero acabas con un carro de la compra lleno... Lo que en estas tiendas de Internet puede suponer unos 15 - 20€, de los que te llevarás, con suerte, un par de euros por venta. Aunque también tienen productos más caros, en las secciones de informática y electrónica, por ejemplo.

De nuevo, dependerá de ti el saber qué publicidad colocas, dirigida a tu público. O incluso mejor, qué artículos o videos preparas para presentar un producto de manera atractiva, de forma que alguno de tus seguidores acabe picando (comprando) algo de esa tienda de Internet. Sí, les estás haciendo el juego a las tiendas. Pero ganáis los dos, ¿no?

Eso sí, el tema de estar actualizando los enlaces y los anuncios en tu web o blog también significa un trabajo regular. Los enlaces de afiliación tampoco son algo con lo que hacerse rico de la noche a la mañana.

Pero si eres capaz de captar un público determinado y fiel, tu porcentaje de "conversión" puede ir más allá del uno o dos por ciento... márcate un objetivo ambicioso, quizá del 10%. Suerte...

Pasalacabra (*Drop-shipping*)

Pero aún hay otra locura que puedes intentar. Vamos, que hoy estamos valientes y con ganas de triunfar. De nuevo, Internet parece llena de gente que lo hace, y que se está haciendo rica: el *drop-shipping*.

El *drop-shipping* es una estrategia comercial utilizada, sobre todo, por empresas asiáticas. Por tanto, debe tomarse con la precaución adecuada. Consiste, simplemente, en saltarse toda la red de distribución. Normalmente, los productos que puedes comprar en esas tiendas son similares a los de la tienda de todo a un euro de la esquina, pero los niveles de calidad (y la variedad) mejoran día a día. Imagina su coste real, si eliminas toda la logística... Pues eso: Ciertas ventas, bien seleccionadas, pueden darte un buen margen.

El escenario es el siguiente: Encuentras un producto chulo (ya estamos...) y que le vaya a gustar a tu público. Se fabrica en China, o Japón, o en algún sitio así. Y tú, muy valiente, te montas tu propia tienda en Internet (ya hemos visto que hay plug-ins y módulos para Wordpress, por ejemplo) y lo pones a la venta.

Si alguien compra en tu tienda, le pasas el pedido a la empresa asiática, que lo enviará directamente a tu comprador (sin marcas de la empresa original en el paquete), y éste se pensará que se lo has mandado tú desde Asia.

Chulo, ¿no? Como la fabricación y los costes de envío son muy económicos (y hoy no voy a entrar en esa discusión moral...), puedes tener un margen realmente interesante - de nuevo, si el precio final del producto es razonable. El embalaje puede no ser el mejor (aunque esto también está mejorando últimamente), y los plazos de envío son... de varias semanas. Pero, si puedes vivir con eso, es una buena opción.

Como ya he indicado, este negocio de "revendedor" funciona bien (¡Según mucha gente en Internet!) con empresas asiáticas que permiten estos márgenes elevados. Otras empresas internacionales, como Amazon, tienen sus propios esquemas de reventa, en los que te obligan a darte de alta como vendedor profesional (con una cuota mensual). Ahí quizá ya no te salgan las cuentas.

De nuevo, debes visitar cada tienda y buscar su sección de *drop-shipping* o reventa, y ver cuál te interesa.

4. No, no te vas a hacer rico con esto de Internet (¿O sí?)

Pero, ¿cuál es el problema? Ay, pues el de siempre. ¿Quién va a comprar en tu web, alma cándida? Ya, tus lectores, que se fían más de ti que de Amazon. ¿O no?

Aún así, si el producto es realmente único, puedes tener una buena racha. Los famosos "*spinners*", esos cacharros giratorios del demonio, se vendían por más de veinte euros cuando salieron al mercado. Hasta que llegaron en masa desde China, realmente podían generar beneficios - pero ya no.

Así que debes convertirte en buscador de novedades, o de productos clave para tu "nicho" de mercado, para tu público. Si los encuentras, y eres el primero en venderlos, este factor sorpresa asociado con el *drop-shipping* puede ser una buena opción. Pero eso te obliga a estar atento a las novedades, y a renovarte continuamente cambiando de producto, y con posibilidades de que alguno en concreto NO funcione, y no se venda.

Como tú no lo fabricas y no tienes existencias (stock), esto no es mucho problema, pero espero que entiendas que tampoco es una fuente de ingresos asegurada. Es una lotería.

Un comentario importante sobre el *drop-shipping*: En ocasiones, las empresas aceptarán enviarte algún producto como muestra (o puedes comprarlo tú, directamente), para que te hagas una idea de su calidad, del embalaje y los plazos de entrega. Es muy tentador ir a webs como AliExpress y comprar un lote grande de "eso" (para tener un stock inicial en casa), pero quizá sea mejor hacer un primer pedido muy pequeño...

Y siempre tienes que asegurarte de que lo que anuncias, poniendo tu imagen y tu nombre en juego, se ajusta a la descripción. Desgraciadamente, Internet está lleno de imitaciones y productos que dicen ser una cosa y después no se parecen apenas a las fotografías de los anuncios. O su función es limitada, y no hace todo lo que debería.

Ah, y tendrás que revisar la legislación de tu país. El hecho de instalar una tienda online en tu blog o web te obliga (como ya hemos visto anteriormente), a darte de alta como empresa o como autónomo desde el primer día, si no lo estabas ya. No, no vale esperar a tener beneficios para hacerlo. Y deberás declarar tus ingresos, pagar impuestos, cubrir tu cuota de autónomo o de seguridad social... ¿De verdad te salen los números? A mi, no. Otra opción a la papelera.

¿O quizá no? Si lo pruebas y tienes éxito, cuéntamelo. Soy capaz de reeditar este libro con tu testimonio...

Combinaciones...

Como te dije al principio de este libro, más o menos estoy presentando las diferentes posibilidades según su complejidad va creciendo. Claramente, no es lo mismo escribir en un blog, recopilar posts y publicarlos, editar tus videos y crearte un canal, o fabricar "algo" y venderlo como sea.

Pero veo que has leído hasta aquí (y no sabes cuánto de lo agradezco), así que igual sí que eres valiente, y estás considerando encontrar "tu" propia manera de generarte esos ingresos más o menos pasivos en Internet.

Si pones un poco de tu parte, incluso podías plantearte combinar alguna de las actividades descritas hasta aquí. Una vez más, eso supone duplicar tu esfuerzo y aumentar tu inversión, pero podría funcionar, si trabajas en varias direcciones a la vez.

Por ejemplo, si tienes una web sobre moda o complementos, puedes crear tutoriales o videos para YouTube enseñando cómo los fabricas o diseñas, para acabar vistiéndolos en tu cuenta de Instagram, haciéndote publicidad de tus productos y combinándolos con otros de marcas comerciales.

Cada nuevo tutorial o video en YouTube puede generar un post en el blog (presentación, enlace a YouTube), y una "historia" en Instagram. ¿Ves por dónde voy? No deja de ser una forma moderna de reciclar – en este caso, contenidos de Internet.

Eso aumentará tu presencia en la red, lo que debería aumentar tu visibilidad (y, de nuevo, tus posibilidades de llamar la atención de los canales de publicación y las marcas de ropa y complementos. ¿Cómo lo ves?

Profesor online

Muy bien, te entiendo. Quizá todo lo anterior sea complicado, y hasta aquí te he convencido de que no es fácil, al menos, hacerse rico en Internet vendiendo cosas. Pero estás convencido de que tus conocimientos sobre un tema XYZ son únicos, y de que puedes hacer negocio con eso. Eso sí que funcionará, y te harás rico. Vamos a ver qué pasa si vendemos conocimientos.

"Eso" puede ser lo que sea, de la misma forma que ya vimos en las secciones sobre YouTube o sobre la auto-publicación. Sabes algo, quieres contárselo al mundo y de paso ganar dinero. Hacer punto con los pies. Pintar cuadros imitando la técnica de Van Gogh. Hacer muebles de madera con herramientas caseras. O maquetar libros para auto-publicación, editar fotografías...

Pues bien, están surgiendo muchas plataformas en Internet que te permiten crear tus propios cursos, que te gestionan el registro de tus potenciales alumnos, que hacen el seguimiento de los cursos... y al final, te pagan según lo acordado (por curso, por alumno...), o según sus términos y condiciones.

Desde plataformas educativas surgidas como asociaciones de universidades (las famosas mooc, como Coursera) a otras más dedicadas al ocio o las actividades creativas como Domestika, la forma de trabajar es la misma.

Primero, como siempre, debes hacer un registro. Datos personales, contacto y de pago, quizá un currículum. Y tu propuesta de qué sabes hacer, cuál sería el curso o cursos que impartirías.

Esa propuesta se revisa, y si se acepta debes subir tus contenidos de manera estructurada, para que los alumnos puedan realizar el curso de manera lógica: Debes dividir los contenidos en partes, quizá en vídeos de unos 10 - 15 minutos, con documentos relacionados, o ejercicios, o lo que sea - dependerá del tema y de tus contenidos.

Si todo ha funcionado hasta aquí, la plataforma anuncia tus cursos y los gestiona, cobrando las matrículas y llevando el control de los alumnos y sus progresos.

Algunas plataformas se conformarán con eso, y en algún momento alguien hará tu curso y tú cobrarás. Pero date cuenta de que esos cursos (por ejemplo, en el caso de Domestika) pueden tener precios en torno a los 10 - 15€ por curso completo. ¿Cuál puede ser tu comisión? ¿Cuántos alumnos necesitas para tener unos ingresos razonables?

Otras plataformas te permiten "crecer" más como docente, suponiendo que alcanzas una masa crítica de alumnos, proponiéndote que des alguna clase en vivo, o que estés disponible para tutorías, consultas o incluso controles o exámenes.

Claramente, esos cursos con más "cuerpo" tienen un precio ligeramente más elevado para los alumnos, y tu comisión también lo será. Pero también los requerimientos por tu parte en tiempo y esfuerzo son mayores.

En cualquier caso, esos videos deben tener unos mínimos de calidad, quizá algo mejor que los que te propuse para tu canal de YouTube. Todo lo dicho en esa sección es válido, pero seguramente los vídeos para estos cursos online necesiten un poco más de cuidado, una imagen visualmente similar entre ellos, y la adición de índices y transiciones, por ejemplo.

Intenta trabajar con el objetivo teórico de tener todos los vídeos en un CD o DVD que pudieses enviar a tus alumnos (aunque estos soportes se utilizan menos día a día).

¿Te atreves? Sólo tienes que plantear el curso, conseguir que te lo acepten en una plataforma, preparar y editar los vídeos, subirlos a esa plataforma y esperar a que un alumno acabe el curso (o al menos lo pague) para ver tus primeros eurillos. Quizá quieras hacerlo al revés, preparar primero los vídeos y después ofrecerlos a una plataforma de educación online.

No parece dinero rápido, desde luego. Pero si estás convencido, y tienes tiempo, los medios y los conocimientos para hacerlo, ¿por qué no intentarlo? Ah, intenta dormir de vez en cuando. Y sal a pasear con tu pareja y los niños, que ya casi no te ven.

Tutorías online

Por supuesto, lo de hacer de profesor de tus propios cursos te ha acojonado. No ves cómo hacerte rico en un mes. Efectivamente, no se puede. Así que lo siguiente es pensar en que otra persona prepare los cursos por ti. Sin entrar a discutir este enfoque cultural (típico de países mediterráneos y latinoamericanos), puedo asegurarte que estos trabajos de "profesor de los cursos de otro" existen.

Las mismas plataformas citadas arriba buscan en ocasiones soporte para dar servicio a los cursos más populares de su oferta. Gente que sea capaz de responder dudas y preguntas de los alumnos, revisar o corregir los diferentes ejercicios propuestos. ¿Crees que es algo que podrías hacer? Pues a por ello. Aunque debes esperar cobrar (incluso) menos que los profesores "titulares", ya que no son tus contenidos.

En el mejor de los casos, cobrarás por cada alumno que gestiones, o bien por cada pregunta respondida, o por tu tiempo. En cursos muy populares, puede haber alumnos conectados desde cualquier parte del mundo, por lo que disponer de un tutor en tu zona horaria (y en tu idioma) puede ser ventajoso para esas plataformas.

Una vez más, se trata de poner en la balanza tu tiempo, y el esfuerzo que necesites, y los beneficios que te pueda reportar esta actividad. Ah, y de nuevo puedes requerir un registro como autónomo, declaración de impuestos y todo eso...

¿Pero no estábamos aquí para ganar dinero sin hacer nada? Pues no. No sé si lo has entendido hasta aquí. Eso no funciona. Aunque aún nos quedan un par de opciones; no vamos a tirar la toalla.

Freelancer (Autónomo, de los de toda la vida)

Quizá lo que te para a la hora de crear tus cursos online, o de trabajar como tutor de cursos de terceros, es la necesidad de "dar la cara", y tener trato personal con tus alumnos. Es un tema respetable. Quizá no todo el mundo sirve para trabajar de cara al público, al menos sin un entrenamiento previo.

Así que te queda la opción de trabajar en la sombra, para que otros vengan después y triunfen con tu trabajo.

Una vez más, hay gran cantidad de plataformas, como por ejemplo Fiverr.com, TextBroker.com y Freelancer.com, que te permiten registrarte y anunciarte como "recurso" o mano de obra (barata) para terceros. Esas plataformas intentan conectar a clientes con necesidades de contenidos con los potenciales creadores de los mismos.

Esos contenidos pueden ser de casi cualquier tipo. Desde código en lenguaje C, hasta diseños de logotipos, preparación de animaciones infográficas o diseños en 3D, edición de fotografías, escritura de tesis universitarias, traducciones... Casi cualquier cosa que puedas hacer con tu ordenador es susceptible de ser subcontratada o vendida.

Si se te da bien la fotografía, el diseño gráfico, el dibujo... puedes trabajar en diseños que otras personas utilizarán en sus trabajos. Las plataformas citadas anteriormente tienen, todas ellas, una forma muy similar de trabajo. Una vez más, debes hacer un registro completo (datos personales, contacto y medio de pago, al menos), y eso te da acceso a la bolsa de trabajos.

Algunas plataformas, como TextBroker, te pedirán que prepares unas muestras de tu trabajo (en este caso, textos), para ver la calidad de tu escritura. Según sea esta, te clasificarán mejor o peor, y tendrás acceso a cierto nivel de trabajos. Cuanto más elevado es el nivel (de 1 a 5), más largos suelen ser los textos, y el pago por trabajo acabado y aceptado por el cliente final es más alto.

Fiverr y FreeLancer te permiten seleccionar "tus" categorías favoritas, y puedes optar directamente a realizar trabajos para terceros dentro de las mismas. También te permiten cargar ejemplos de tu trabajo, para que tus potenciales clientes sepan lo que eres capaz de hacer.

Porque hay dos temas importantes: el primero, debes crearte una imagen personal y una bolsa de clientes fieles. Normalmente, los encargos se hacen con poco tiempo, y nadie se arriesgará a contratar a una persona de la que no se tienen referencias. Así, es conveniente que prepares esas muestras de tu trabajo (diseños, imágenes, textos, animaciones...) como "portafolio" virtual, para que tus clientes sepan qué puedes hacer y con qué nivel de calidad. Claramente, es difícil conseguir estos clientes al principio. Pero es un tema de paciencia...

Por otro lado, el problema de estos trabajos subcontratados "de guerrilla", es que hay mucha gente con los conocimientos básicos para hacerlos en cualquier parte del mundo. Así que tendrás mucha competencia de países con sueldos habitualmente muy bajos, gente que peleará las ofertas hasta el último céntimo, y que tienen todo el tiempo del mundo para hacer lo que tú querías hacer en una hora o dos cuando se han acostado los niños. Así que lo habitual es cobrar entre 3 y 10€ por trabajo - depende de ti lo rápido y eficiente que puedas hacerlo.

Si tienes el tiempo necesario, el acumular varios trabajos al día, de los que sacas unos 5 - 10€ por trabajo, puede ser una buena fuente de ingresos, y sólo necesitas un ordenador con tus herramientas favoritas. Pero queda el tema de la competencia. Puedes tardar muchos meses en tener una imagen positiva y una cartera de clientes razonable...

Así que, de nuevo, el trabajo como autónomo en pequeñas tareas de edición o diseño puede no ser tu solución para hacerte rico de la noche a la mañana. ¿Cómo lo ves?

Ghostwriter

Un tema aparte es el de la escritura profesional subcontratada, denominada *ghost-writing* en inglés. El escritor "fantasma" suele tener colaboraciones a largo plazo con escritores "visibles", preparando, editando o corrigiendo textos.

Estas colaboraciones suelen surgir a partir de trabajos más pequeños, como los realizados en textbroker o freelancer.com. En este caso, se trata más de un tema de confianza mutua, respeto de las reglas (confidencialidad...) y de que estés dispuesto a que otra persona se lleve el mérito por tu trabajo. Tienes que "conectar" con tu cliente.

Además, según el tipo de publicación, se puede requerir una labor previa de investigación y recopilación de datos, organización de contenidos, preparación de borradores...

Como te podrás imaginar, el trabajo de *ghost-writer* no es ni rápido ni sencillo. Además, debes poder escribir con un nivel muy elevado en tu idioma, incluso puedes tener que adaptarte al estilo personal del escritor con el que estés colaborando.

Por tanto, el trabajo de *ghost-writer* se sale un poco de los contenidos de este libro. Tampoco es una opción para hacerse rico de la noche a la mañana, aunque sí es (si tienes la capacidad para ello) un buen trabajo con potencial de futuro, y a tiempo completo.

Traductor

Este es otro trabajo muy especializado, que en muchas ocasiones requiere que efectivamente tengas el título de traductor. Sin embargo, los traductores jurados tienen tarifas muy elevadas (quizá de unos 3 - 5 céntimos de euro por palabra), que mucha gente no puede permitirse en su trabajo.

Así, hay un mercado paralelo, por ejemplo, en freelancer.com, donde se buscan traducciones para textos más o menos largos (posts para blogs o webs en Internet, manuales, trabajos escolares...), sin una necesidad jurídica o legal detrás.

El problema aquí es el de la traducción misma. Debes conocer ambos idiomas (el de origen y el de destino) a la perfección, y además debes ser capaz de comprender y utilizar los modismos y las expresiones que espera tu cliente. Por ejemplo, no será lo mismo traducir una novela al inglés con personajes de un barrio marginal de Londres, o un documento técnico al inglés americano.

No dejo de repetirlo: Si tienes los conocimientos y las herramientas, lánzate. Hay mucha gente dispuesta a pagar por estos servicios. Pero debes estar seguro de tu resultado - todas esas plataformas tienen sistemas de evaluación y puntuación de los *freelancers*, y no quieres una crítica negativa que te penalice tus trabajos futuros... ¿Complicado, verdad? Nadie dijo se sería fácil.

Clases Particulares

¿Por qué no? Las constantes mejoras en las conexiones a Internet facilitan que puedas tener (vídeo-) conferencias punto a punto con tus alumnos, de manera que lo que quizá no pudiste hacer en tu blog o en un canal de YouTube lo puedas hacer "en vivo".

Puedes anunciar tus servicios en una web o en redes sociales, y cobrar (por adelantado, o tras la clase) por transferencia electrónica o por PayPal, por ejemplo. Una vez acordado el servicio (la clase) y su periodicidad, basta con establecer esta conexión con una herramienta como Skype.

Idealmente, debes conectarte desde un sitio tranquilo, de manera que tu voz no se vea interrumpida por ruidos ambientales. Si vas a utilizar una pizarra, el sitio debería ser amplio y bien iluminado. Comprueba que tu cámara web es capaz de emitir con la suficiente calidad como para que se vea lo que estás haciendo, y que no haya reflejos o brillos que impidan ver bien la imagen.

Por un lado, este tipo de actividades te permite dar clases en cualquier momento, adaptándote al huso horario de tus alumnos. Eso puede ser muy útil, por ejemplo, en clases de idiomas (conversación...). Puedes enseñar español (en nuestro caso) a gente que esté al otro lado del mundo.

Pero, por otro lado, esta actividad puede resultar incompatible con el resto de tu vida: No querrás dar una clase con tus hijos correteando y chillando a tu alrededor, ni ser un animal nocturno que no rinda en un trabajo "de verdad" durante el día.

Una vez más, si consigues una reputación como profesor online de clases particulares puedes tener ante ti un buen negocio. Eso sí, la tarifa a cobrar por hora es cosa tuya, y quizá tenga que adaptarse a las tarifas habituales en el país de tu alumno/a, antes que a tus preferencias...

En cualquier caso, ya sabes que casi todo está en YouTube. Debes poder ofrecer algo diferente a tus alumnos. Un trato personalizado, un seguimiento de los progresos... ¿Es algo apropiado para ti? Pues lánzate. Y ya me contarás cómo sobrevives después de las épocas de examen, cuando todos los estudiantes piensan en sus vacaciones y no en ti...

Conclusiones

Hoy en día, puedes encontrar todo en Internet. Información, servicios y productos. Todo está disponible, y a un precio razonable (o incluso gratis). La cantidad de información, bienes y dinero que se mueve en y desde Internet es inmensa, con media docena de empresas visibles (Amazon, Google, Facebook, Apple...) que son, hoy en día, las corporaciones más grandes del mundo.

Pero ni siquiera esas empresas son capaces de cubrir todas las necesidades de los miles de millones de personas que se conectan a diario a Internet. Dependen de contenidos externos, los cuales en muchos casos son creados o producidos por otras empresas o personas concretas, y que se reúnen y centralizan en las plataformas específicas: Facebook, YouTube, Instagram...

Así que mucha gente ha visto una oportunidad económica y se ha tirado a la piscina, buscando una parte de ese negocio. Mediante la producción de contenidos, información o productos novedosos, hay gente que realmente se está haciendo rica en Internet. O al menos eso dicen.

Pero eso supone que haya ciertas condiciones de partida: Conocimientos (tanto del tema que se trate como de las herramientas para fabricarlo, procesarlo y presentarlo), tiempo libre para dedicarlo a producir esos contenidos con la calidad necesaria, mucha ilusión y constancia frente a todos los problemas que irán surgiendo, seguro, durante el proceso.

Y aquí está el problema - tu problema. No todo el mundo sirve para esto. Encontrarás miles de libros electrónicos (*ebooks*) vendiéndote lo fácil que es hacerse rico en Internet. Gente que efectivamente lo ha conseguido (ojo, o quizá no, y sólo te venden el libro para hacer su pequeño negocio). Gente que no entiende por qué no lo has hecho tú ya. Incluso te tacharán de vago o de cobarde, por no intentarlo.

Nota que la mayoría de esos libros, esos ejemplos, siempre suceden en otro país. Lejos de ti. No hay personas en tu entorno que lo hayan vivido en primera persona. Siempre son extranjeros; un apellido exótico parece que vende más. La otra orilla siempre es más verde.

Pero, aún así, está en nuestra naturaleza humana el creer lo que nos dicen sin contrastarlo (sobre todo si son buenas noticias), el buscar una solución fácil y rápida a nuestros problemas. Queremos vivir bien, queremos tener dinero ya mismo, para poder relajarnos y disfrutar de esa jubilación a los cuarenta, salir del sistema capitalista y todo eso... Y todo con el menor esfuerzo posible.

Y por esa razón nos creemos (o queremos creer) lo que leemos en esos libros tan motivadores. ¿Quieres ser rico? Es fácil. Vende a tu familia, haz un pacto con el diablo, múdate a una playa (donde tengas wifi) y mira cómo sube tu cuenta corriente mientras haces calcetines de ganchillo. Pues no. Siento repetir que eso no funciona así, en el 99,99% de los casos.

Y es que la mayoría de esos libros también habla de personas diferentes, que han visto la situación desde un enfoque distinto, que han visto (y creído en) una oportunidad, que no han dudado en dejarlo todo para hacer un cambio radical en sus vidas.

En muchos casos, son gente joven, sin ataduras (familia, hipoteca...), con amplios conocimientos sobre las tecnologías necesarias para dar ese salto - su generación ha nacido ya con esas herramientas.

Entonces, ahora viene la pregunta clave. ¿Tú eres diferente? ¿Tienes ese algo que puede hacer que un grupo razonable de gente te siga, quiera tus contenidos, busque -y compre- tus productos...? ¿Qué estás dispuesto a sacrificar, a qué vas a renunciar para seguir tu sueño?

Salvo casos muy concretos, de videos virales o productos que han puesto el mercado patas arriba (como los *spinners*), cualquier otra oportunidad requerirá tu tiempo, tu esfuerzo y tu dinero, antes de que puedas ver unos ingresos razonables.

En este libro te he presentado un buen número de opciones para hacer algo diferente, utilizando Internet. Incluso puedes combinarlas, si te da tiempo y te quedan energías.

Pero he intentado ser directo, realista. Sí, son oportunidades, pero no para todo el mundo. Te corresponde a ti decidir si vale la pena probarlas o no, y a qué precio. O bien, puedes probarlas todas, o alguna de ellas. Pero no esperes tener éxito de la noche a la mañana. Seguramente, no lo tendrás.

Experiencia personal...

Por mi parte, yo llevo haciendo cosas en Internet unos diez años ya. Desde escribir *posts* en blogs propios y ajenos, a realizar trabajos de fotografía, diseño gráfico y maquetación para terceras personas, hasta publicar mis propios libros (como este que estás terminando).

4. No, no te vas a hacer rico con esto de Internet (¿O sí?)

Incluso llegué a traducir personalmente alguno de mis libros al inglés, pensando en ese mercado anglosajón. He probado muchas de las estrategias propuestas en este libro, y casi todas las opiniones se basan en mi experiencia personal.

Sí que he conseguido ingresos, el trabajo casi siempre se ve recompensado. Pero estos no han pasado de ser una curiosidad, que me ha permitido comprar la última tontería en Internet, o bien ir a cenar con mi esposa, o al cine con mis hijos. Afortunadamente, tengo un trabajo "de verdad".

Podrás pensar que quizá es por eso, por tener un trabajo de nueve a cinco, no me he esforzado lo suficiente y mis actividades no han dado el resultado deseado. Quizá tengas razón. Pero duermo todas las noches como un bebé, al pensar que mi familia está protegida (y que no tengo una hipoteca, pero puedo pagar el alquiler). ¿Crees que este libro es una rabieta porque no he conseguido hacerme rico y jubilarme antes de los cuarenta? Si lo quieres pensar así...

De todas formas, seguiré probando cosas, la siguiente seguramente un canal en YouTube. Pero estoy simplificando mi vida, reduciendo mis actividades a lo que realmente me gusta (y, por supuesto, me sigue produciendo esos ingresos simbólicos). Como se suele decir, no hay que tomarse la vida muy en serio, no saldremos vivos de ella.

En fin, desde aquí te animo (¡te reto!) a que pruebes alguna de las propuestas que te he hecho en este libro. Estoy casi seguro (ya sabes, al 99,99%) de que no te vas a hacer rico en Internet. Pero el viaje será divertido.

Y lo dicho: Si eres del 0,01% y te haces rico, estoy dispuesto a cambiar estas conclusiones. Ah, y si por casualidad te haces rico por algo que has leído aquí, acuérdate de mí. Aceptaré tu invitación a comer con mucho gusto, para que me cuentes tu experiencia.

Enlaces de Interés

- http://libros.agbdesign.es/ - Página sobre los libros del autor
- https://kdp.amazon.com/ - Kindle Direct Publishing – es la plataforma de auto-publicación de Amazon
- www.draft2digital.com/ - Integrador / distribuidor de publicaciones electrónicas
- www.youtube.com/ plataforma de publicación de vídeo
- www.vimeo.com/ plataforma de publicación de vídeo
- www.Fiverr.com/ plataforma de contratación de freelancers por Internet
- www.TextBroker.com/ plataforma de contratación de escritores por Internet
- www.Freelancer.com/ plataforma de contratación de freelancers por Internet
- https://afiliados.amazon.es/ Programa de afiliación de Amazon
- www.coursera.org/ Coursera - Universidad a distancia
- www.domestika.com/ Domestika - Formación por Internet

Pequeño Diccionario de Diseño Gráfico y Fotografía

Alberto García Briz

Edición 2019

Pequeño Diccionario de Diseño Gráfico y Fotografía (Edición 2019)

Presentación

La primera edición de este libro se publicó hace ya cinco años. En aquel momento, acababa de publicar un par de libros técnicos sobre edición de imagen (Niveles y Curvas con GIMP) y maquetación de publicaciones (Manual Básico de Scribus), en los que, siguiendo el concepto de mi primer libro (Blanco y Negro con The GIMP), añadí un pequeño glosario al final de cada libro.

Esa idea fue bien recibida por los lectores, lo que me motivó a preparar la primera edición de este diccionario, reuniendo los acrónimos y términos de las tres publicaciones. En 2014, el primer "Pequeño Diccionario de Diseño Gráfico y Fotografía" salió con apenas treinta páginas de contenido real.

Desde entonces ha habido otras dos actualizaciones, a medida que iba publicando nuevos libros prácticos. Y hoy tienes en tus manos la cuarta edición, de 2019, que ya se acerca a las cuatrocientas entradas (frente a las doscientas diez del primer diccionario) y más del doble de páginas. Y, curiosamente, este diccionario es mi libro más vendido, por delante de cualquiera de los otros, de los que extrae los términos y expresiones.

En esta nueva edición encontrarás nuevos términos que han aparecido en mis publicaciones más recientes (algunas todavía en preparación), pero también otros relacionados, relativos a las novedades y avances en ambos campos (Diseño gráfico y fotografía).

Como en todos mis libros, quiero resaltar que esta publicación está hecha de manera independiente, y no depende de las grandes editoriales. A pesar de las ventajas de flexibilidad y libertad para publicar contenidos, esto también significa que no tengo acceso a sus canales de promoción y distribución.

Si te ha gustado este libro, o si lo has encontrado útil, te agradeceré que dejes un comentario en la tienda donde lo adquiriste – eso proporciona visibilidad al libro, lo que facilita su acceso a otros lectores como tú.

Una curiosidad, este es el primer libro que publicaré (en su versión independiente en papel) en el tamaño "4 x 6", es decir, cuatro por seis pulgadas (unos diez por quince centímetros). Este tamaño no es un estándar aceptado por algunos mercados, pero sí coincide con el espíritu de este libro: el de ser una pequeña publicación de consulta. Además, servirá de prueba para la futura publicación de más libros de ficción "de bolsillo" por mi parte...

0 - 9

0.18 (también, **18%**) Tono de gris equivalente a la cantidad de luz reflejada por una piel blanca (caucásica) normal. Es un valor de referencia utilizado frecuentemente en fotografía para la estimación de los ajustes de iluminación (apertura, diafragma) de la cámara en escenas complejas.

Esta estimación se realiza mediante el uso de paneles, tarjetas u otros dispositivos con este valor, equivalente a (R209, G209, B209) en el sistema RGB, o bien a (C0, M0, Y0, K18) en el CMYK. Se utiliza el tono gris intencionadamente para eliminar cualquier posible variación de color del sujeto concreto fotografiado producida por la iluminación utilizada.

1024 Es el resultado de calcular la potencia 2^{10}. Es el valor de referencia utilizado en informática para el cálculo de tamaños de archivo y capacidad de memoria. Se utiliza en lugar del factor "mil". Por ejemplo, un Kilobyte corresponde a 1024 Bytes (y no a 1000 Bytes).

1080 Esa es la cantidad de líneas horizontales existentes en una imagen en alta definición completa (ver full-HD). En algunas ocasiones, se utilizan dos sufijos diferentes para diferenciar la manera en la que se representan las imágenes: **1080i** (del inglés *interlaced*, entrelazado) indica que el sistema (cámara, televisión, ordenador...) captura o representa las líneas alternativamente: primero las pares, luego las impares (o viceversa). **1080p** (del inglés *progressive*, progresivo) indica que todas las líneas se generan consecutivamente. En la práctica el sistema 1080i representa "dos medias imágenes", alternando las líneas pares y las impares de una misma imagen; el 1080p genera las imágenes completas de una sola vez, por lo que la calidad de imagen suele ser mejor, reduciendo la fatiga visual.

En cualquier caso, esa fatiga visual se reduce al aumentar la frecuencia de refresco de la imagen, por lo que no hay muchas diferencias a partir de unas cien imágenes por segundo (100 fps / 100 Hz). La televisión tradicional utiliza 25 imágenes por segundo en Europa, y 30 en USA.

16.77 Cantidad (en millones) de colores diferentes que se pueden representar en el espacio RGB. Es el resultado de todas las combinaciones posibles de tres números binarios (uno por cada canal de color rojo, verde y azul) de ocho bits cada uno.

16:9 Formato de imagen apaisado, que ha sustituido al tradicional 4:3 en muchas pantallas (incluyendo los teléfonos móviles) y monitores. Es el formato, por ejemplo, de las pantallas de alta definición (Full HD), que contienen 1,920 x 1080 píxeles.

18:9 Nuevo factor de forma (en realidad, 2:1) utilizado en algunos teléfonos móviles a partir de 2018, que permite incluir una pantalla con más superficie útil, pero manteniendo el ancho de los dispositivos (simplemente, es un poco más larga que la de 16:9).

256 Esa es la cantidad de tonos diferentes de un color que se pueden representar con 8 bits de información. Es el valor habitual en imágenes en blanco y negro (en realidad, son imágenes en tonos de gris). Otros sistemas de color más complejos, como el RGB y el CMYK, utilizan normalmente combinaciones de varios valores de (al menos) ocho bits cada uno.

3:2 Formato de imagen fotográfica analógica o tradicional, correspondiente a la proporción de los negativos de imagen más habituales (36 x 24 milímetros en la película de 35mm, y seis por cuatro centímetros en las de medio formato).

Aunque la mayoría de cámaras son compatibles con este factor de forma (se pueden configurar para que las imágenes capturadas estén en esa proporción), en la actualidad se tiende a usar otros formatos, ya sea más cuadrados (4:3) o extendidos (16:9).

35mm Ancho de las películas fotográficas más habituales, tanto en formato negativo como en diapositivas. Dado que esta película incluía perforaciones a ambos lados para el arrastre, la anchura efectiva para fotografiar se reducía a unos 24 milímetros de ancho (aunque toda la película era sensible por igual).

A partir de ahí, el tamaño de imagen individual era de 24 por 36 milímetros (aunque había cámaras que utilizaban la mitad de este formato, 18 x 24 milímetros). Este tamaño de 24 x 36 milímetros es el que se usa como referencia para los sensores de "fotograma completo".

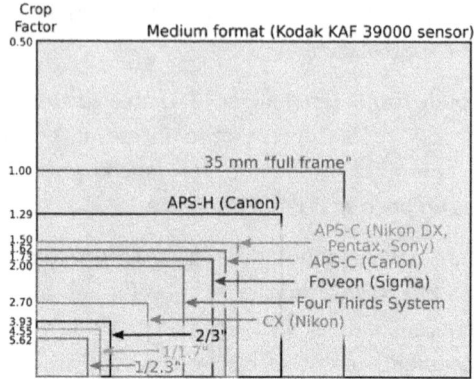

Arriba: Comparación del tamaño de fotograma completo con otros tamaños habituales de sensor digital. Fuente: Wikimedia Commons / MarcusGR

3D Tres dimensiones, haciendo referencia a objetos o elementos con volumen (largo, ancho y alto). En diseño gráfico, hace referencia a imágenes que transmiten sensación de profundidad.

3D TTL Ver TTL

4:3 Formato de imagen "de moda", gracias a las cámaras compactas de objetivos intercambiables (CSC), que así maximizan el área de imagen capturada en su reducido tamaño. Es un formato más cuadrado que el 3:2, y por tanto las diferencias en la composición de fotos verticales o apaisadas se reducen.

4K Nuevo estándar de resolución propuesto para la imagen en movimiento (video), que está sustituyendo poco a poco al actual full-HD. El sistema 4K contiene algo más de cuatro veces más información que éste, siendo las imágenes de 4,096 x 2,160 píxeles, ligeramente más grande que el formato UltraHD de 3,840 por 2,160 píxeles (8.1 Megapíxeles).

50mm Distancia focal aproximada a la de la visión humana (en realidad, entre 45 mm y 55 mm), utilizada como referencia para definir los diferentes tipos de objetivos.

8K Denominación simplificada propuesta para el estándar UHD-2 (Ultra HD 2), contendrá cuatro veces más información que el formato 4K, alcanzando una resolución de 7,680 x 4,320 píxeles.

A

A (Aperture) Modo de disparo semiautomático de algunas cámaras digitales, en el que el usuario puede fijar el valor del diafragma (idéntico al ajuste Av de otros fabricantes como Canon). La cámara modifica la velocidad (y, en su caso, la sensibilidad) para obtener la exposición correcta.

Aberración Cromática Efecto óptico en el que los diferentes colores (diferentes longitudes de onda) siguen trayectorias diferentes al atravesar las lentes de un objetivo, produciendo sombras "fantasma" de diversos colores en la imagen resultante. Relacionado con la refracción.

Aclarar Sólo Modo de fusión de capas – ver Clarear sólo

ADC *Analog to Digital Converter*. Conversor analógico-digital. Dispositivo electrónico capaz de convertir una señal contínua en niveles digitales que pueden ser utilizados por un microprocesador.

En el caso de las cámaras digitales, traducirán la intensidad de la luz incidente en el sensor a valores de color rojo, verde y azul, que compondrán cada punto (píxel) de la imagen. En sistemas de audio, por ejemplo, traducirán la intensidad de sonido (volumen de entrada) a muestras periódicas.

Aditivo Espacio de color en el que los colores se producen mediante la superposición de colores primarios. Es el caso de las pantallas y monitores de ordenador, donde los elementos que producen la luz emiten en colores rojo, verde y azul (sistema RGB).

El ojo humano superpone los diferentes colores primarios, para componer el color "real" del objeto. También es el caso de la luz blanca, compuesta por todos los colores del espectro.

AdWords Sistema de publicidad contextual de Google que permite anunciar un producto o servicio en páginas relacionadas con el tema, optimizando la presencia en Internet. Habitualmente, se basa en el historial de navegación del usuario, junto con los datos y opciones almacenados en las cookies de los diferentes servidores.

AF *Auto-Focus*. Modo de enfoque automático de la mayoría de las cámaras fotográficas, en oposición al modo manual (MF – *Manual Focus*). En el modo de enfoque automático, la cámara ajustará el objetivo para conseguir el mejor enfoque posible en el punto deseado.

Arriba: Ejemplo de botón de ajuste de autofoco

Ag Símbolo químico de la plata, metal utilizado tradicionalmente (en forma de sales) para la producción de películas fotográficas y el virado de las fotografías en blanco y negro.

Alfa Canal especial disponible en algunos formatos de imagen (como PNG, TIF o GIF) que incluye información de transparencia de los píxeles de la imagen. Algunos programas permiten añadir un canal alfa especial en cada capa de contenido de imagen, que se denominará máscara.

Algunos programas de edición de gráficos vectoriales como **InkScape** también permiten asignar color a rellenos y contornos con propiedad de transparencia, añadiendo un "canal alfa" a la información de color.

Aliasing Efecto visual que se produce cuando se trabaja con imágenes digitales, y que consiste en la aparición de líneas en "diente de sierra", sobre todo en contornos con mucho contraste.

Este efecto se genera a causa de la cuadrícula utilizada para capturar o representar las imágenes de mapa de bits (bitmaps), o bien por la estructura de las pantallas y monitores de ordenador.

El *aliasing* se puede corregir aplicando filtros de desenfoque o de "paso bajo", pero por lo general se perderá enfoque y calidad de imagen. Algunas cámaras modernas permiten ajustar el grado de enfoque / desenfoque producido por este filtro.

Ancla Elemento de referencia en ajustes de alineación y distribución de elementos con el programa **InkScape**.

Angular (también Gran Angular) – objetivo cuya distancia focal es menor que la equivalente del ojo humano. Se aplica a objetivos de 40mm o menos. Producen imágenes distorsionadas (más, cuanto menor la distancia focal), sobre todo en las esquinas.

Apaisado Formato de imagen más ancho que alto, utilizado sobre todo para paisajes y escenas con múltiples objetos. El formato apaisado es "fácil" de ver por el ojo humano, por lo que transmite tranquilidad.

APS *Advanced Photo System* – Sistema fotográfico avanzado. Formato de película analógica (química) que surgió a finales del siglo XX, pero no llegó a extenderse debido al abaratamiento de la tecnología digital. El tamaño del negativo APS era menor, y se montaba en cartuchos cerrados, lo que permitía sacarlos (y volver a introducirlos posteriormente, si no se habían utilizado por completo) de la cámara a plena luz.

Además, las cámaras incluían mecanismos para generar imágenes en distintos tamaños y factores de forma:

- H, o alta definición, con imagen capturada de 30.2 x 16.7 mm
- C, o clásico, 25.1 x 16.7 mm (formato 3:2)
- P, o panorámico, 30.2 x 9.5 mm

Se desarrolló de manera conjunta entre Canon, FujiFilm, Kodak, Minolta y Nikon. Hoy en día, únicamente se utiliza esta definición para relacionar los diferentes tamaños de sensor digital del mercado. La mayoría de las cámaras DSLR de gama baja y media utilizan el formato APS-C (25.1 x 16.7 mm) como referencia.

Artefacto Defecto visible en una imagen producido por un error en su captura, procesamiento o representación en pantalla o en papel.

Arriba: en las zonas donde cambia la información de la imagen (aquí, la línea entre la hierba y el cielo) pueden aparecer artefactos.

En los casos más visibles (como por ejemplo en imágenes JPG guardadas con baja calidad, o guardadas muchas veces), esto conlleva pérdidas de calidad de la imagen, bien por que aparezcan zonas difuminadas o bien por la aparición de puntos de color falsos.

ASA *American Standard Association*, Organización encargada de la estandarización en Estados Unidos. En su momento, definieron una escala de sensibilidades para la película fotográfica, que acabó convirtiéndose en el estándar ISO.

Arriba: La sensibilidad ASA (aquí, de valor 125) era un parámetro clave a la hora de elegir una película fotográfica.

ASIN *Amazon Standard Identification Number*, Número de Identificación Estándar de Amazon. Utilizado por esta empresa para catalogar todos los productos que tienen a la venta.

ATA Acrónimo de *Advanced Technology Attachment*, Conexión de Tecnología Avanzada; también se denomina PATA (*Parallel*-ATA, ATA paralelo) desde la aparición de la conexión SATA (*Serial*-ATA), para diferenciarla de ésta.

Tecnología de bus de comunicaciones, similar a la conexión IDE; se basaba en transferencia de datos por puerto paralelo, y podía haber unidades principales (o maestras) y secundarias (o esclavas). El principal inconveniente era que sólo se podía trabajar con un disco dentro del mismo bus cada vez.

Auto-focus Sistema integrado en la mayoría de cámaras digitales modernas, que permite un enfoque automático de la escena, según la posición de ciertos puntos de control.

AV *Aperture Value*. Ajuste semiautomático de algunas cámaras digitales que permite fijar el valor del diafragma a utilizar en una fotografía determinada.

El ajuste "Av" se encuentra en el dial de modos de tu cámara, o bien a través del menú.

En este modo de ajuste de la cámara, ésta puede modificar el valor de velocidad o el de la sensibilidad (si así lo permitimos), para conseguir la exposición correcta. Este ajuste "Av" es idéntico al ajuste "A" (ver "A" – Aperture) de otras marcas, como Nikon.

AV1 Estándar para un nuevo formato de imagen, desarrollado por Google y Microsoft (entre otros). Promete archivos más pequeños que los generados mediante el estándar JPEG, e incluso más pequeños que los nuevos HEIC propuestos por Apple. Dado el origen del formato AV1, su implementación en navegadores no parece ser un problema, y superaría al JPEG en representación de color e inclusión de transparencia.

AVC *Advanced Video Codec*, códec de video avanzado. Denominación que se aplica habitualmente a estrategias de compresión de video como H.264 y HEVC.

AWB *Auto White-Balance* - Control automático de balance de blancos. Es un ajuste de las cámaras digitales que les permite compensar (o descompensar, con finalidad artística) posibles dominantes de color presentes en la luz de iluminación de una escena determinada (ver también "Balance de Blancos").

Suele ser un ajuste por defecto en la mayoría de las cámaras fotográficas, y deja la responsabilidad del equilibrio de color a la electrónica interna del aparato.

AZW3 Extensión de archivo de Amazon que contiene un archivo en formato KF8 (Kindle Format 8). Permite el uso de CSS3 y HTML5, de manera similar a las últimas definiciones del formato .epub. El que un dispositivo concreto utilice el formato .AZW3 o .mobi, depende del dispositivo concreto.

B

Balance de Blanco Ajuste de las iluminaciones en una fotografía para conseguir una representación fiel del color, basado en la temperatura de la iluminación utilizada. Habitualmente, se realiza de forma automática en el momento de la captura de la fotografía según el ajuste de la cámara digital, aunque puede ajustarse posteriormente en los ficheros con formato RAW.

Algunas cámaras incluyen un ajuste de balance de blancos, marcado como "WB" (del inglés, White-balance)

La mayoría de los programas de edición de imagen modernos permite compensar el equilibrio de color en una edición posterior, actuando sobre los valores de iluminación y color de los píxeles de la imagen.

Banding Efecto visual que se produce en imágenes con áreas de color uniforme. Las limitaciones de la representación de tonos en un espacio de color dado pueden crear zonas de color idéntico de manera artificial, perdiendo detalle y dando un aspecto "artificial" a la imagen.

Arriba: esta fotografía muestra un fuerte efecto de *banding* en el color azul del cielo, sobre todo en el lado izquierdo.

Banner En internet, nombre que se da a la publicidad que ocupa una franja de la pantalla, ya sea horizontal o vertical.

Barrido Técnica fotográfica en la que se capturan objetos en movimiento con obturaciones lentas, siguiendo el movimiento de estos objetos. El resultado es el de objetos relativamente enfocados sobre un fondo borroso.

Batch (del inglés, lote). Conjunto de imágenes a las que se les aplica el mismo proceso de edición de manera automatizada. Este tipo de proceso por lotes permite conseguir acabados similares en series de fotografías, por ejemplo, de cara a preparar publicaciones o exposiciones.

BBS – Del inglés *Bulletin Board System*, un precursor de las páginas web que funcionaba como un tablón de anuncios (información sólo en un sentido), principalmente de texto. Funcionaban desde ordenadores únicos y mediante conexión telefónica, por lo que el acceso se hacía mediante una lista de espera.

Bean Bag Bolsa pequeña que se rellena de algún elemento más o menos pesado y de forma irregular (la traducción literal del inglés es "bolsa de judías"), utilizado como base de apoye de la cámara para situaciones en las que no se dispone de un trípode o una superficie firme donde fijarlo.

Bèzier Tipo de curva utilizado en muchos programas de diseño gráfico vectorial, basado en la definición de ciertos puntos clave de la curva. Estos puntos pueden ser puntos de curva o bien indicar la curvatura de esta en una zona determinada.

BISAC *Book Industry Subject And Category*, Asunto y Categoría de la Industria del Libro. Sistema de clasificación de libros utilizado en muchas bases de datos electrónicas para la organización de las publicaciones por temas. En ese sentido, compite con el sistema Dewey, tradicionalmente utilizado en las bibliotecas.

Bit Mínima unidad de información posible en electrónica digital, con dos valores posibles: cero o uno.

Bitmap Mapa de bits. En imagen digital, se refiere a la matriz (o mapa) que incluye los valores de color para una imagen determinada, con información de las coordenadas de cada píxel. Por extensión, se denominan imágenes de mapa de bits a todas las imágenes que utilizan esta estrategia (por ejemplo, las fotografías digitales).

BlueRay Disco óptico desarrollado como sustituto del DVD, con una mayor capacidad de almacenamiento (unos 25Gb por capa). Su introducción definitiva en informática e imagen digital está siendo limitada, debido al auge de las memorias de estado sólido (SSD).

Bluetooth Protocolo de comunicación inalámbrica, cada vez más frecuente en dispositivos electrónicos portátiles para la transferencia de datos con ancho de banda relativamente bajo (por ejemplo, sonido).

Blur Desenfoque. Habitualmente referido al desenfoque conseguido mediante filtros digitales, que realizan diferentes funciones de promediado matemático de los valores de iluminación o color de los diferentes píxeles de la imagen.

Bokeh Desenfoque selectivo que se consigue al fotografiar con el diafragma muy abierto. La intensidad del efecto depende del tamaño relativo de la lente y el sensor (o película) y es más visible en fotografías realizadas con cámaras réflex.

Arriba: Ejemplo de imagen con bokeh

Algunas cámaras modernas permiten controlar el nivel de desenfoque del fondo, mediante la aplicación de filtros de desenfoque (blur) a zonas concretas de la imagen, identificadas como "fuera de foco".

BPG *Better Portable Graphics*, nuevo formato de imagen que podría llegar a sustituir al JPG y al PNG. Todavía en estado experimental, no está soportado por ningún navegador (status: junio de 2015) de manera nativa. Es necesario instalar un pequeño complemento de javascript.

Su uso podría estar limitado por problemas de patentes, ya que el BPG podría utilizar parte de la tecnología del formato HEVC.

Bracketing (horquillado) Técnica fotográfica que consigue capturar varias imágenes en la misma acción, con diferentes ajustes de exposición. Habitualmente, se trabaja con velocidades diferentes, para mantener el diafragma (y la profundidad de campo) invariables.

Bridge Formato de cámara digital a medio camino entre las compactas y las réflex. Incluyen un zoom elevado y un sensor algo más grande que las cámaras compactas. El zoom no se puede desmontar, y por tanto no hay riesgo de entrada de polvo al sensor.

Brillo En edición fotográfica, hace referencia a la intensidad general de iluminación de una imagen digital, que depende tanto de la escena capturada como de los ajustes utilizados en la cámara (apertura, tiempo de exposición, sensibilidad…).

Byte Agrupación de ocho bits, muy utilizada en electrónica digital (y de ahí en la fotografía digital y la edición de imagen).

C

Caja de Luz ver *Softbox*.

Cámara Oscura Precursor de la fotografía (de hecho, origen del nombre "cámara"), es una técnica mediante la que se obtiene la proyección de una escena en el interior de un espacio cerrado (habitación, cámara de fotos) a través de un orificio que hace las veces de lente.

La proyección es directa en la pared opuesta, siendo mejor el enfoque cuanto más pequeño es el orificio (dentro de unos límites prácticos para evitar efectos de difracción). Esta apertura obliga a usar tiempos de exposición muy largos (del orden del segundo), por lo que este tipo de fotografía se utiliza principalmente en paisajes.

Las fotografías hechas con esta técnica (también conocida como "pinhole") suelen presentar cierto desenfoque y un fuerte viñeteado.

Canal En imagen digital hace referencia a la información de cada color primario por separado. Los programas modernos de edición son capaces de editar la información de color e iluminación de cada uno de estos colores (por ejemplo, rojo, verde y azul en el sistema RGB) para hacer correcciones o ediciones avanzadas.

Capa En diseño gráfico y edición fotográfica, hace referencia a un nivel de apilado, que engloba una serie de elementos o imágenes, relacionados entre sí.

Habitualmente, en los programas de edición se puede mostrar u ocultar la información de cada capa por separado, o bien realizar operaciones más o menos complejas entre los valores de color de cada punto en las diferentes capas.

CCD Acrónimo inglés de *Charge-Coupled Device*, dispositivo o componente acoplado por carga. Se refiere a una tecnología de semiconductores (chips electrónicos), concretamente de transistores, utilizada en la fabricación de sensores fotográficos y de video.

CD *Compact Disc*, disco compacto. Soporte óptico de datos digitales (con grabación y lectura por láser), con más de 30 años de historia, utilizado todavía como principal soporte físico para la música. Utiliza una única capa para almacenar la información, hasta un máximo de 800 Mb.

Desplazado poco a poco por el DVD y el BlueRay, los avances en almacenamiento en memoria magnética y estática (Flash) están reduciendo su uso en informática.

Hay varios tipos de discos compactos en el mercado. Los de tipo CD-R (del inglés, *recordable*, grabable) sólo se pueden grabar una única vez (se permiten diferentes "sesiones" de grabación parcial hasta completar la capacidad del disco). Los discos del tipo CD-RW (de nuevo, del inglés *read-write*, lectura-escritura) pueden borrarse total o parcialmente, de manera que se pueden reutilizar múltiples veces.

CeCILL Formato de licencia *OpenSource* similar a la GPL, pero adaptada a la normativa francesa.

CF *Compact Flash* - Uno de los formatos pioneros de tarjetas de memoria para cámaras fotográficas (y otras muchas aplicaciones...), ha seguido evolucionando con el tiempo hacia mayores capacidades y velocidades de escritura, superando su inconveniente del gran tamaño relativo, comparado con el de otros formatos más modernos.

CFast Actualización del formato *Compact Flash* que permite mayores capacidades de tarjeta (los modelos actuales oscilan entre 64Gb y 256Gb) y velocidades de lectura y escritura mucho mayores, apropiadas para la grabación de video 4K con calidad profesional.

CIE (*Comission Internationale de l'Eclairage*, comisión internacional de iluminación). Organización responsable de la definición del espacio de color CIELAB en 1976.

CIELAB (o LAB) Espacio de color definido por el organismo CIE, basado en tres parámetros independientes, L, a y b. Utiliza parámetros "fisiológicos", para acercarse lo más posible a la visión humana. La variable "L" hace referencia a la "Luminancia", o intensidad de luz. Sería como el patrón en blanco y negro de la imagen.

Los parámetros "a" y "b" hacen referencia a pares de colores opuestos, en este caso verde-magenta y amarillo-azul. El espacio de color CIELAB es más amplio que el que se puede obtener mediante RGB, por lo que los colores que no tienen equivalente ser "recortarán" a la hora de representarlos en una pantalla.

Clarear Sólo Modo de fusión que da como resultado final el pixel con mayor iluminación para cada posición, independientemente de la capa inicial en la que se encuentre.

Claridad Fuerte Modo de fusión que produce una iluminación marcada de la imagen. Su definición es compleja, y depende de si el valor de iluminación de partida es mayor o menor que el gris medio (128).

Claridad Suave Modo de fusión similar a "Solapar" (de hecho, en algunas versiones de GIMP son idénticos), en realidad no está relacionado con el modo "Claridad fuerte".

Clave Valor promedio de la iluminación de una imagen. En fotografía. Se utiliza este término aplicado a las imágenes con predominancia de tonos muy claros (clave alta) o muy oscuros (clave baja).

Arriba: Imagen en clave baja

Clipart Dibujo vectorial más o menos complejo, disponible habitualmente en carpetas o bibliotecas para su uso directo en programas de edición vectorial. Pueden simplificar nuestro trabajo en gran medida, aunque también pueden limitar nuestra aportación a un diseño concreto.

En internet puedes encontrar miles de cliparts gratuitos, junto con paquetes ofrecidos por diferentes empresas a precios razonables.

Clonación En edición de imagen, la clonación es una duplicación de la información de imagen de un área concreta sobre otra diferente.

CLS *Creative LIghting System*, Sistema de Iluminación Creativo de la empresa Nikon, utilizado en algunos de sus flashes (ver TTL)

CMOS Acrónimo de *Complementary Metal-Oxide-Semiconductor*, tecnología de transistores electrónicos que se utiliza comúnmente en la fabricación no sólo de sensores para cámaras fotográficas, sino también de microprocesadores, memorias RAM y otros circuitos digitales.

CMS *Content-Management System*, aplicación para publicación por Internet que facilita la creación de páginas web con contenidos avanzados, sin necesidad de grandes conocimientos de programación.

CMYK Acrónimo en inglés de cian, magenta, amarillo y negro (Cyan, Magenta, Yellow, blacK). Es el sistema utilizado universalmente para la impresión profesional, ya que permite la utilización de negro puro, lo que mejora el contraste.

Es un sistema de colores substractivos, porque cada color primario (en imprenta, en forma de pigmentos) absorbe o elimina ciertas longitudes de onda del color final. No es un sistema soportado de manera nativa por GIMP, por lo que requerirá una transformación previa.

Arriba: Generación de colores substractivos en el sistema CMYK

Cola (de Trabajo) Serie de tareas de edición pendientes en algunos programas como RAWTherapee y UFRaw, que permiten una primera edición sobre imágenes en baja resolución, para aplicar posteriormente (en momentos de poca carga de trabajo) de manera automatizada sobre la misma imagen, o sobre un lote (*batch*) de imágenes.

Collage Composición artística realizada con varios elementos superpuestos, para dar lugar a una obra más compleja, incluso abstracta.

Estos elementos pueden ser todos similares (por ejemplo, fotos), pero también pueden mezclarse elementos de diferentes naturalezas: maderas, telas, incluso basura o materiales reciclados.

Colodión Solución compuesta de éter y alcohol (con otros posibles ingredientes) utilizada en los comienzos de la fotografía para fijar los productos químicos al soporte (típicamente, una placa de cristal). Su mayor ventaja (en aquel momento) era que permitía exposiciones menores de 30 segundos.

Debido a esos tiempos de exposición todavía largos, se obtenían imágenes ligeramente movidas, o bien relativamente oscuras y con un área enfocada limitada al centro de la imagen.

Color Modo de fusión complejo que utiliza los valores de tono y saturación de la capa superior para modificar los de la capa inferior, que es la que permanece visible como resultado.

Compensación de Exposición Ajuste disponible en algunas cámaras digitales, que permite ajustar el nivel de iluminación general para la captura de la imagen, lo que permite al usuario compensar el efecto de iluminaciones muy fuertes o zonas muy oscuras en la escena original.

Es un ajuste global que afecta a toda la fotografía de manera uniforme, por lo que el usuario debe decidir qué rangos de iluminaciones (luces altas o sombras) son importantes, para que la cámara los capture dentro de unos límites útiles.

Muchas cámaras permiten hacer una captura múltiple con diferentes valores de compensación (habitualmente, cambiando la velocidad de disparo), de cara a obtener imágenes con alto rango dinámico (HDR) en una edición posterior.

Composición En fotografía, hace referencia a la colocación relativa de los objetos o sujetos en una escena (foto), además del formato geométrico elegido para la misma.

Contraste Relación entre las zonas más iluminadas y las más oscuras de una imagen. En fotografía, también puede hacer relación a diferencias entre dos colores (similares u opuestos), siendo entonces el contraste la diferencia "visual" (y subjetiva) entre esos colores.

Arriba: Ejemplo de imagen con el contraste muy alto

Algunas cámaras utilizan una detección de contraste en el sensor para realizar el enfoque automático. Para ello, buscan la posición relativa de las lentes que produzca un mayor contraste local en el punto de enfoque.

Cookies Pequeños archivos de configuración creados por algunas páginas web para "recordar" las preferencias del usuario a la hora de navegar por las mismas. También pueden almacenar datos como la fecha de la última visita.

CPL *Circular PoLarizer* - Polarizador Circular. Filtro óptico con la capacidad de eliminar planos concretos de vibración de la luz, utilizado para potenciar o eliminar reflejos de superficies no metálicas, y aumentar la saturación de los colores.

Estos filtros presentan normalmente una parte móvil (giratoria, en el caso de los circulares), para permitir el ajuste del plano a eliminar o potenciar. El uso de dos de estos filtros en ángulos diferentes puede producir un oscurecimiento general de la imagen, similar al de los filtros de densidad neutra (ND).

CR2 Acrónimo de Camera RAW 2, formato de captura de imagen RAW de las cámaras Canon actuales.

Crowdfunding Estrategia de financiación social en la que múltiples individuos o empresas aportan pequeñas cantidades a un proyecto determinado. Habitualmente, este proceso se gestiona desde una web dedicada, y necesita llegar a un umbral para que se financie realmente el proyecto.

CRT *Cathodic Rays Tube*, tubo de rayos catódicos. Elemento principal de las pantallas y televisiones tradicionales ("de tubo"), cuyo funcionamiento se basaba en el control de haces de electrones, que se dirigían hacia una superficie que emitía luz al excitarse. Fueron desplazados por las pantallas LCD primero, y las TFT y (O)LED después.

CSC *Compact System Camera*, cámara de sistema compacto. Cámara con objetivos intercambiables, como las cámaras réflex, pero sin mecanismo de espejo ni pentaprisma, lo que reduce su tamaño y peso respecto a aquellas.

El formato de imagen suele ser 4:3 para aprovechar al máximo la óptica. Como inconveniente, no tienen visión directa del encuadre, por lo que se debe trabajar con la pantalla trasera o el visor electrónico, si lo tiene.

CSS *Cascading Style-Sheets*, Hojas de estilo en cascada; herramienta de configuración de estilos de letra en documentos HTML y XML. También se aplica en formatos de libro electrónico, como el ePub.

CSx Siglas de *Creative Suite*, conjunto de aplicaciones de diseño gráfico de Adobe. Actualmente por la versión cinco (CS5), incluye todos sus programas comerciales (PhotoShop, Illustrator, InDesign...)

Curva En edición fotográfica, línea de ajuste de iluminación que se aplica a la imagen en general, o bien a un canal de color o selección determinada; representa un factor de multiplicación o división diferente para cada tono de entrada.

En dibujo vectorial, es una "entidad" o elemento definido por una fórmula matemática, que indica la posición de una serie de puntos clave de esta.

D

deb Extensión de los archivos de paquete de instalación en variantes de Linux derivadas de la distribución Debian.

Degradado Transición suave entre dos tonos o colores en una zona determinada de una imagen. En diseño vectorial, también se puede aplicar como relleno de elementos cerrados (formas básicas como los rectángulos y las elipses), o incluso en la definición de los contornos, si estos tienen un grosor visible.

En fotografía, se denomina filtro degradado a un elemento translúcido con color gris neutro que se coloca delante de la lente para reducir la cantidad de luz incidente en ciertas zonas de la imagen. Este elemento presenta una transición (más o menos gradual) al menos entre dos densidades de opacidad diferentes.

Desbordamiento (de Textos) En composición o maquetación de documentos y publicaciones, hace referencia a la situación en la que un texto es más extenso que el espacio disponible en el marco asignado.

Desenfoque Gaussiano Ver *Gaussian Blur*

Di *Digital Imaging*, imagen digital. Acrónimo utilizado en algunos objetivos intercambiables para indicar que se han desarrollado para su uso con cámaras digitales, al incluir (típicamente) recubrimientos especiales y alguna lente asférica.

Diafragma Dispositivo que limita la cantidad total de luz disponible para realizar una fotografía. Junto con el obturador, es uno de los elementos básicos de las cámaras fotográficas. El diafragma puede ser mecánico (en forma de láminas o cortinillas) o electrónico. El ajuste de diafragma se realiza habitualmente en "pasos", relativos al "Número F" de la lente.

Difracción Efecto óptico por el que los haces de luz se dividen en dos haces al incidir en una superficie transparente o translúcida. Un haz se transmite a través del nuevo medio, mientras que el otro se reflejará dentro del medio inicial.

Difusor Elemento utilizado en fotografía entre una fuente de luz y el objeto o sujeto fotografiado para suavizar el efecto de la luz, que suele pasar difuminada a través de este elemento. La luz se vuelve más "blanda", y las sombras son más suaves y menos marcadas.

DIN *Deutsches Institut für Normung* - Instituto alemán para la normalización. Similar al ASA americano, se encarga de definir los estándares a utilizar, en este caso en Alemania (y por extensión en muchos países de Europa).

Display Pantalla, en inglés. Se aplica a los monitores de ordenador, o bien a las pantallas incorporadas (por ejemplo) en las cámaras fotográficas. Muchas cámaras fotográficas incluyen una tecla "DISP." Que permite cambiar la configuración de la pantalla integrada, o bien apagarla para utilizar el visor óptico.

En ocasiones, puede utilizarse para superponer una rejilla de composición, o bien para mostrar el histograma de la imagen en tiempo real.

Dividir Modo de fusión que da como resultado imágenes muy claras, casi "quemadas", en caso de que la capa inferior contenga información más clara que la de la capa inferior.

DIY *Do it yourself*, hazlo tú mismo. Acrónimo muy utilizado en Internet para describir objetos, aparatos o herramientas de fabricación casera. Actualmente, hay múltiples páginas que muestran estos procesos de preparación o fabricación paso a paso, de modo que cualquiera puede realizarlos si dispone de los materiales y equipo necesarios.

dmg Extensión de los ejecutables de instalación de MacOS

DNG *Digital NeGative*, es un formato RAW basado en TIFF y creado por Adobe, para uniformizar la descripción de los ficheros en bruto. En su especificación incluye ciertas mejoras respecto al RAW básico, como la inclusión de una miniatura JPG, datos del fabricante de la cámara, o bien una copia de seguridad de la imagen RAW completa.

DOC Extensión genérica de los archivos de texto generados por el programa MsWord, uno de los estándares de facto para este tipo de documentos.

dpi Acrónimo del inglés *Dots per Inch*, puntos por pulgada (ver ppp). Unidad utilizada para indicar la resolución de los dispositivos de entrada (escáneres) y salida (ya sea el papel o una pantalla).

En el caso de las pantallas y monitores, valores típicos oscilan entre 72dpi y los 266dpi de las últimas pantallas de tipo "retina", mientras que en imprenta los valores habituales van desde unos 300dpi a 1,200dpi.

Driver Componente de Software encargado de la comunicación entre el ordenador y ciertos dispositivos externos.

DRM *Digital Rights Mamagement*, Gestión de Derechos Digitales. Sistema de protección de derechos digitales basado en la inclusión de ciertos datos encriptados dentro de los archivos, que limitan el uso del archivo a cierto número de dispositivos del comprador identificado.

Drop-Shipping – Sistema de venta (principalmente por Internet) en el que un vendedor virtual ofrece los productos directamente del fabricante, eliminando la cadena logística intermedia.

DSLR (también SLR) - *Digital Single-Lens Reflex* - Acrónimo para las cámaras réflex de objetivos intercambiables. Típicamente con pentaprisma o espejos y obturador mecánico, también se aplica a los nuevos formatos sin espejo móvil (tipo EP). El término *Single* diferencia estas cámaras de las que incluían un objetivo doble, como los modelos de medio formato de la marca Rollei.

Arriba: Cámara de medio formato Rolleiflex. Fuente: Rolleiflex medium format camera / Wikimedia Commons - Juhanson

Duotono Fotografía que utiliza sólo dos colores diferentes (y sus gamas) para representar la imagen. Sería una extensión de las imágenes monocromas, en las que al menos el color blanco o el negro se sustituyen por otro diferente.

Arriba: Ejemplo de imagen en duotono.

DVD *Digital Video Disc / Digital Versatile Disc* - Disco de Video Digital / Disco Digital Versátil. Evolución del Disco Compacto (CD) que permite almacenar hasta 9Gb de información en su variante de doble cara. Ya existe un formato sustituto, el BlueRay, con una mayor capacidad de almacenamiento.

Los discos DVD, al igual que los discos compactos CD, pueden encontrarse en varios formatos, como el DVD-R y el DVD-RW. Un formato añadido, el DVD-RAM, permite su uso como una unidad extraíble (de manera similar a las memorias flash USB modernas).

E

ebook *Electronic Book*, Libro Electrónico. Puede hacer referencia al dispositivo capar de mostrar libros electrónicos, o bien a los archivos digitales en sí mismos. Los dispositivos de lectura de libros electrónicos suelen utilizar una pantalla de tinta electrónica (e-ink, ver abajo), habitualmente en blanco y negro, que permite una lectura similar a la del papel tradicional.

EDC *Expanded Distribution Channel*, Canal de Distribución extendido, opción disponible en CreateSpace (filial para impresión bajo demanda de Amazon) para vender los libros en librerías.

Eink (ó e-Ink) – Tinta electrónica. Tecnología de pantalla de algunos lectores de libros electrónicos basada en la polarización de pigmentos almacenados en cápsulas diminutas.

Esta polarización no necesita una actualización o refresco, por lo que el consumo eléctrico de estos dispositivos es muy reducido, alargando la vida de su batería a varias semanas.

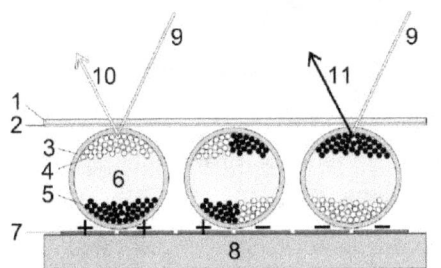

1. Capa superior
2. Electrodo transparente
3. Micro-cápsulas transparentes
4. Pigmentos blancos cargados positivamente
5. Pigmentos negros cargados negativamente
6. Aceite transparente
7. Capa de electrodos / píxeles
8. Soporte / Substrato
9. Luz
10. Blanco
11. Negro

Estructura del papel electrónico (vista lateral de una pantalla electroforética). Fuente: Tosaka para WikiMedia Comons, basado en Ref:NIKKEI ELECTRONICS 2008.12.29 Issue Page.69

La tecnología eInk, además, es visible con luz de día, sin producir reflejos. Algunas empresas (como la estadounidense Qualcomm) trabajaron en sistemas de tinta electrónica en color, aunque su complejidad técnica está limitando (por ahora) su introducción en la electrónica de consumo.

EISA *Extended Industry Standard Architecture*, Arquitectura Estándar Industrial Extendida. Se refiere al bus de datos utilizado en los ordenadores personales con micros 80386 y 80486, que fue sustituido por el VESA Local Bus. Permitía trabajar con varios microprocesadores a 32 bits, y un acceso a memorias de hasta 4Gb.

EPS *Encapsulated Post Script* – formato de archivo utilizado extensamente en imprentas hasta la proliferación del formato PDF. Era (y sigue siendo) un formato de referencia para almacenamiento y envío de archivos gráficos profesionales.

epub Formato estándar de libro electrónico libre de uso, muy utilizado en la mayoría de lectores actuales, incluyendo aplicaciones para teléfonos inteligentes (*smartphones*). Curiosamente, el lector Kindle de Amazon no es compatible con este formato...

Estabilizador de Imagen Mecanismo que desplaza ciertos componentes dentro de una cámara digital (ya sea el sensor o un grupo de lentes móviles dentro del objetivo) para compensar los efectos de vibraciones y movimientos indeseados de la misma.

Arriba: Ejemplo de tecla para activar el estabilizador

Este mecanismo permite trabajar con velocidades más lentas que las teóricas, o bien con diafragmas más cerrados, para aumentar el enfoque o la profundidad de campo, respectivamente.

Habitualmente, este mecanismo puede activarse o desactivarse con una opción del menú, o bien por medio de una tecla dedicada. Algunas cámaras presentan dos modos de funcionamiento diferentes. Uno, continuo, compensa las vibraciones constantemente. El segundo, que permite ahorrar energía, sólo actúa cuando se pulsa el disparador.

Estilo Conjunto de características que definen un elemento en un diseño o composición. Referido a textos, puede incluir el tipo de letra, su tamaño, la decoración (negrita, cursiva), el color, su interlineado...

Si hablamos de elementos de diseño gráfico, podemos incluir el color de contorno y su grosor (quizá también el tipo de línea), el color de relleno, su ángulo de giro desde una referencia, su transparencia...

EV *Exposition value*, valor de exposición. Es el ajuste "fino" que se puede hacer manualmente en algunas cámaras digitales para compensar la exposición cuando la escena es muy clara o muy oscura.

La compensación de exposición se puede regular, habitualmente, en pasos de un medio o un tercio de paso de iluminación. Las cámaras que tienen la función de horquillado (*bracketing*) también permiten ajustar la variación de exposición (en términos de valor de exposición) de las diferentes fotografías que se capturarán durante el proceso.

EXIF *Exchangeable Image File Format* (Formato de fichero de imagen intercambiable). Conjunto de datos incluidos con la imagen (metadatos), pueden contener la mayoría de ajustes de la cámara (velocidad, diafragma, sensibilidad...), junto con el autor, fecha de captura...

Esta información puede consultarse con la mayoría de los programas actuales de edición, como Photoshop, GIMP y RAWTherapee. Entre la lista de datos, podemos encontrar los siguientes:

- Fecha y hora de la captura.
- Tamaño de la imagen (ancho / alto).
- Orientación de la imagen (vertical / horizontal).
- Distancia focal.
- Diafragma.
- Velocidad.
- Programa de captura utilizado (automático, manual, prioridad de apertura...)
- Sensibilidad (equivalente ISO)
- Datos de posición GPS (si la cámara lo permite)
- Marca y modelo de la cámara
- Número de serie de la cámara

Los datos EXIF también pueden incluir información añadida, como el modelo concreto de objetivo utilizado, si se disparó el flash o no, y con qué intensidad, o incluso si la cámara tenía activado algún filtro de enfoque o modificación de color.

Además, muchas cámaras son capaces de incluir los datos propuestos por el IPTC (*International Press Telecommunications Council* - Consejo Internacional de Prensa y Telecomunicaciones), básicamente el nombre del autor, nombre de la foto y/o comentarios, y notas sobre los derechos de propiedad de la imagen.

Exposición Cantidad de luz utilizada para la captura de una imagen. Depende de tres parámetros: el diafragma (apertura), el obturador (velocidad) y el ajuste de sensibilidad equivalente.

Hay otros parámetros y elementos que pueden modificar el valor de la exposición en una fotografía dada, como la compensación de exposición, el balance de blancos o el uso de filtros sobre el objetivo.

ext Familia de tipos de formato de disco duro utilizados, sobre todo, en sistemas operativos UNIX y Linux, actualmente se trabaja con los formatos ext3 (que incluye un registro de diario) y ext4 que añade soporte para extensiones.

F

f/ También denominado número f. En fotografía, indica la relación focal, es decir, la relación entre la distancia focal y el diámetro de la pupila de entrada del objetivo, siendo ésta la apertura creada por el diafragma en el momento de la captura de la fotografía.

Falso HDR Técnica que se aplica a imágenes de ocho bits por canal para recuperar información de luces altas y sombras, dando un aspecto de imagen HDR a las fotografías. Suele producir imágenes algo "blandas", que requieren un ajuste posterior de contraste.

FAT Del inglés *File Allocation Table*, tabla de localización de ficheros. Es un sistema de formato para discos duros y unidades lógicas muy extendido, cobre todo debido al sistema operativo Windows.

Hay variantes que utilizan índices de dieciséis bits (FAT16) o bien treinta y dos (FAT32). Algunos dispositivos (cámaras fotográficas) utilizan implementaciones menos frecuentes, como FAT12.

FDD *Floppy Disk Drive*. Unidad de disco flexible. Dispositivo obsoleto que almacenaba los datos digitales en un soporte magnético flexible. Los dos tamaños principales (5¼ y 3½ pulgadas) se utilizan aún como referencia para el espacio de montaje en los ordenadores de sobremesa.

FTP *File Transfer Protocol* – Protocolo de Transferencia de Archivos. Protocolo especial de Internet dedicado a la transferencia directa de archivos entre dos ordenadores, mediante la creación de un "canal" dedicado. Las velocidades de transferencia pueden aproximarse a la capacidad (ancho de banda) disponible de la conexión.

Filtro En fotografía, elemento que se coloca en la trayectoria de la luz para modificar las propiedades de la escena capturada. Puede colocarse delante del objetivo para modificar el color, la intensidad o la polarización de la luz incidente.

La mayoría de las cámaras montan, además, dos filtros fijos delante del sensor: uno selecciona qué color (canal) se leerá en cada fotodiodo individual. El filtro más habitual es el filtro de tipo Bayer, que separa los colores rojo, verde y azul. El otro filtro será un filtro infrarrojo, para evitar lecturas indeseadas desde el sensor (sensible al calor).

En retoque fotográfico y diseño gráfico, un filtro es una edición especial (normalmente con su propio comando y ajustes dedicados) que modifica la imagen o el diseño para conseguir diferentes efectos.

Firewire Protocolo de comunicaciones (según el estándar IEEE 1394) que permite la transferencia de datos a alta velocidad, mediante un cable dedicado. Es una conexión habitual en ordenadores de gama media y alta, y también puede encontrarse en algunas cámaras digitales profesionales.

La conexión *Firewire* permite conexiones teóricas de hasta unos 400MB/s, aunque la transferencia real de datos viene limitada por los dispositivos utilizados. Hay revisiones más modernas de este protocolo que permiten mayores valores de transferencia de datos.

Flare Reflejo producido en el interior de un objetivo, típicamente tiene la forma del diafragma y se repite en varias lentes del mecanismo interno. Se trata de un defecto óptico, producido por los diferentes materiales y recubrimientos de las lentes, que las hacen no ideales (con pérdidas), y es más visible en fotos con una fuerte iluminación frontal.

A pesar de ser un defecto o error, algunos programas de edición de imagen son capaces de añadir reflejos *"flare"* como toque artístico.

Formato En fotografía, se denomina formato a la relación de aspecto entre el ancho y el alto de una fotografía. Por extensión, se denomina formato a los tamaños habituales de imagen (por ejemplo, 10 x 15 centímetros).

En informática, formato es la estructura lógica de almacenamiento de los datos de un archivo, que suele incluir (entre otros) el nombre del archivo, su fecha y hora de creación, los datos "propios" y los permisos de acceso y edición.

En diseño gráfico, se habla de formato a la composición de los diferentes elementos de una publicación dentro de sus límites físicos, teniendo en cuenta, por ejemplo, los márgenes y las distancias entre elementos, junto con las tipografías y los diferentes estilos aplicados.

Fotómetro Dispositivo capaz de medir la intensidad de luz que incide sobre su sensor calibrado. Se puede utilizar para medir tanto la luz incidente como la reflejada por un objeto, permitiendo un ajuste de la cámara para capturar la iluminación de una escena de manera precisa.

La mayoría de las cámaras digitales incluyen esta función integrada a partir de la lectura del sensor de imagen, pero los dispositivos externos dedicados pueden ser ventajosos en casos de escenas con iluminaciones complejas.

Foveación Cualidad del ojo humano, que es capaz de enfocar la imagen en una zona concreta (fóvea) con una mayor resolución que el resto de la retina, lo que reduce la cantidad de información necesaria para la visión normal. El cerebro completa la información restante, con menor definición, a partir de "vistazos" rápidos al entorno.

FPS – *Frames per second*, Imágenes por Segundo. Término que se utiliza para indicar la cantidad de imágenes estáticas (fotografía) que se utilizan para capturar o representar una imagen en movimiento (video). La televisión analógica utilizaba 25 / 30 imágenes por segundo, pero la mayoría de los monitores y televisores modernos son capaces de presentar el contenido por encima de las 100 imágenes por segundo (100 fps / 100 Hz).

Las cámaras, por su parte, serán capaces de crear videos con las diferentes frecuencias de *muestreo* para conseguir diferentes efectos, incluyendo la cámara lenta o rápida.

Freelancer – Trabajador autónomo por servicio, muy de moda en Internet para tareas de creación y edición de contenidos de todo tipo.

Full HD *Full High Definition*, alta definición "completa", hace referencia a la resolución de muchas pantallas de ordenador que presentan 1,920 píxeles de ancho por 1,080 píxeles de alto (aproximadamente 2Mp de resolución de fotograma).

Por lo general, cada pixel de la imagen se general mediante varios elementos que emiten luz en el sistema RGB. Es el estándar actual (2015), aunque ya comienza a ser desplazado por los sistemas "4K" de mayor resolución.

Fusión de Capas Operación matemática utilizada en edición de imagen que utiliza información de dos capas diferentes. Habitualmente es una operación no destructiva, y mantiene intacta la información de cada capa por separado. La fusión sólo afecta a la representación en pantalla, o bien al archivo acoplado final.

G

Gamut Es el conjunto de colores que un dispositivo es capaz de utilizar. Por ejemplo, el espacio RGB cuenta con 16,77 millones de colores posibles (a 8 bits por canal), pero ningún monitor o impresora serán capaces de presentarlos. Cuanto más extenso sea el *gamut* de un dispositivo, mejor será la representación de los colores extremos.

Gaussian Blur Desenfoque gaussiano. Filtro disponible en muchos editores de imagen que produce un desenfoque en cada punto utilizando información de los puntos situados a su alrededor, hasta un radio determinado (ajustable por el usuario). Se da más importancia a la información de los puntos más cercanos, según una distribución estadística de campana de Gauss.

GEGL *GEneral Graphics Library*, Biblioteca Genérica para Gráficos. Conjunto de herramientas y utilidades con licencia GNU que ha sido incorporado, por ejemplo, en la nueva versión 2.8 de GIMP. Entre sus mejoras, están el trabajo con 32 bits, manejo de ficheros RAW y funciones para la creación de imágenes con rango dinámico extendido (HDR).

Ghost-Writing – Escritura subcontratada, mediante la cual autores "visibles" publican contenidos de terceras personas que ceden sus derechos de autoría a cambio de un pago.

GHz Gigahercio. Unidad de frecuencia equivalente a un millón de hercios, o un millón de oscilaciones (o ciclos) por segundo.

GIF *Graphic Image Format* - Formato de imagen gráfica. Formato muy extendido desde los comienzos de Internet, debido al poco peso de las imágenes generadas; se basa en la indexación de color (256 colores o tonos de gris diferentes, a partir de 8 bits) y permite la compresión sin pérdida.

También permite la transparencia y la animación, guardando varias imágenes dentro del mismo fichero, junto con información del tiempo de cambio de una a otra.

El hecho de que fuese un formato propietario de CompuServe y de la limitación de colores a presentar, ha hecho que decaiga su uso, que casi se limita al de iconos e imágenes animadas en internet.

Gigabyte (Gb) Unidad utilizada en informática para representar 1,024 Megabytes (Mb).

GIMP *GNU Image Manipulation Program* - Programa de manipulación de imágenes con licencia GNU. Su funcionamiento es similar al de otras aplicaciones como Adobe Photoshop o PaintShop Pro.

GIMP permite trabajar con capas y trazados, y tiene su propio formato de archivo, el XCF. También puede abrir archivos de otros programas, como el PSD de Photoshop.

G'MIC Conjunto de filtros y herramientas avanzadas disponible para GIMP, con múltiples opciones (por ejemplo) para la transformación de imágenes a blanco y negro.

GNU Sistema operativo de código abierto similar al UNIX, iniciado en 1983 como alternativa a este; el hecho de ser abierto facilitó la aparición de los grupos de desarrollo, lo que hizo avanzar el proyecto rápidamente, y facilitó la evolución hasta sistemas como Gnome.

GPL *General Purpose License* – Licencia de uso general. Tipo de licencia *OpenSource*

GPS Global Positioning System - Sistema Global de Posicionamiento. Conjunto de satélites emisores de señales de posición utilizados por múltiples dispositivos para calcular la posición absoluta respecto a las coordenadas terrestres.

En la actualidad, algunas cámaras fotográficas con capaces de almacenar la posición exacta de la cámara en el momento de la captura de una fotografía, para poder recuperar esta información posteriormente.

Grano En fotografía tradicional, hacía referencia al tamaño de las sales depositadas en la película o el papel fotográfico. Un grano mayor permitía una captura más rápida de la luz (película más sensible), pero este grano grande podía llegar a ser visible en las ampliaciones.

Al ser la fabricación de la película un proceso aleatorio, los granos se distribuían al azar (con una densidad uniforme) por toda la película, lo que reducía problemas como las aberraciones cromáticas, causadas entonces únicamente por la lente.

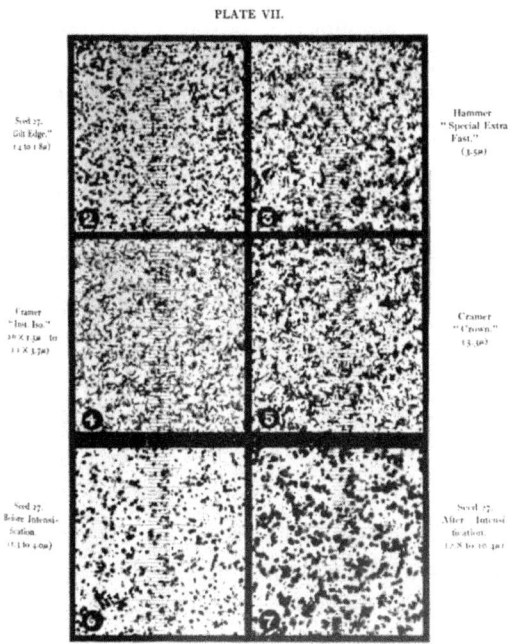

Arriba: Diferentes granos de película

GREYC *Groupe de recherche en Informatique, image, automatique et instrumentation de Caen*, Grupo de investigación en informática, imagen, automática e instrumentación de Caen, Francia. Es el grupo de desarrollo responsable de G'MIC.

GTK *GIMP Tool-Kit*, conjunto de herramientas de desarrollo para la mejora de GIMP. Es una plataforma utilizada por los desarrolladores para introducir las mejoras en GIMP.

Guía Línea imaginaria utilizada en la mayoría de los programas de edición (de fotos, gráficos vectoriales, textos...) para la alineación de diferentes elementos de una manera sencilla.

H

H.264 También denominado MPEG-4 parte 10 (o incluso H.264/MPEG-4 AVC), es una norma que define un códec de video de alta compresión, que aprovecha la enorme potencia de cálculo de los microprocesadores y chips dedicados actuales.

HD *High-Definition*, alta definición. Se refiere a la resolución de muchas pantallas de ordenador y televisiones, con 1,280 píxeles de ancho por 720 píxeles de alto. Es un paso intermedio hacia la alta definición "completa", o full-HD, que utiliza 1,920 píxeles de ancho por 1,080 píxeles de alto.

HDD *Hard Disk Drive*, Unidad de disco duro. Denominación genérica para las unidades de memoria no volátil utilizadas en los ordenadores. Tradicionalmente utilizan discos de lectura y grabación magnética, pero están siendo sustituidos por las unidades de estado sólido (Solid state drive, SSD).

HDMI *High-Definition Multimedia Interface*, Conexión multimedia de alta definición. Sistema de conexión utilizado en muchas televisiones y monitores actuales, para la transferencia y recepción de imagen y sonido en alta definición.

También puede encontrarse, aunque menos frecuentemente, en cámaras digitales. El estándar 1.4 del protocolo HDMI ya es compatible con el video de alta resolución 4K, sin necesidad de actualización de cables.

HDR *High Dynamic Range* – Alto rango dinámico. Se aplica a imágenes que contienen un rango extendido de valores, mostrando al mismo tiempo detalles en zonas oscuras y claras, y manteniendo la iluminación general de la imagen.

En principio, la técnica se usa con ficheros RAW para aprovechar la gran cantidad de información que contienen; también hay técnicas de falso HDR, que se pueden aplicar a archivos de ocho bits por canal.

Arriba: Imagen procesada en *falso HDR*

HDTV *High-Definition Television*, Televisión de alta definición. Se refiere tanto al aparato como a la señal de video que trabaja con alta resolución de imagen según el estándar HD o full-HD.

HEIF *High-Efficiency Image File* - Nuevo formato de imagen de Apple. Es un formato con compresión sin pérdidas, que puede trabajar hasta con 16 bits de profundidad por canal.

El formato en sí mismo actúa como un contenedor, y usa el mismo códec que el formato de video (HEVC). Puede incluir transparencia.

Según Apple, el tamaño de archivo es aproximadamente la mitad del de un archivo JPG equivalente, y el sistema iOS hace la conversión automáticamente, lo que debería liberar espacio en el disco duro. El sistema convertirá los archivos a JPG o PNG si se envían a un dispositivo no compatible. Este formato puede almacenar secuencias de imágenes en un único archivo.

HEVC *High-Efficiency Video Coding* - Nuevo formato de compresión de video de Apple. Sustituye al H.264 y permite trabajar con video en resolución 4K.

Al igual que el formato HEIF, se utiliza de manera nativa en dispositivos de Apple, y el sistema hace una conversión (en este caso a H.264) si el vídeo se envía a un dispositivo no compatible. En realidad, este formato sigue las indicaciones de los formatos MPEG-H (parte 2) y H.265.

Los archivos de video comprimidos con este códec HEVC pueden mantener la extensión .MOV o .MP4. El códec DEVC no puede trabajar con JPG, lo que originó la necesidad de crear el formato HEIF.

Hiperfocal Distancia a la que se consigue una mayor profundidad de campo efectiva en una escena, dependiente de la óptica utilizada y de la apertura de diafragma seleccionada. En la actualidad se pueden encontrar múltiples Apps que realizan este cálculo de manera directa, para utilizar al máximo la profundidad de campo disponible en cada momento.

Histograma Gráfica que presenta la distribución de los diferentes tonos disponibles (intensidad de luz en grises o por canal de color) en una imagen concreta. El histograma se utiliza para detectar posibles desequilibrios en la iluminación o el color de una fotografía, y para una decisión inicial sobre la técnica de corrección o edición a aplicar.

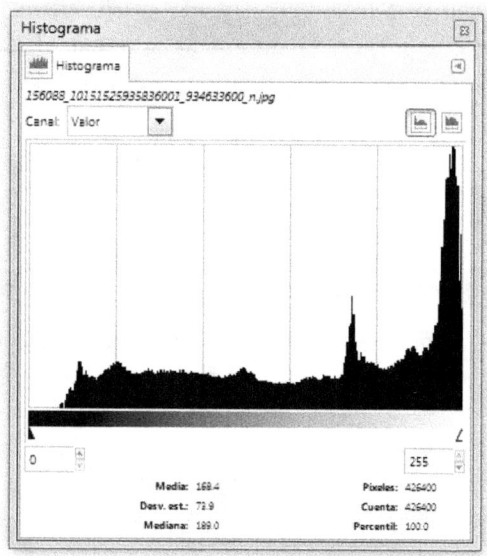

Arriba: Ejemplo de histograma

Horquillado Ver *bracketing*. Técnica de captura de múltiples imágenes con exposiciones diferentes. Proceso (manual o automático) mediante el que se toman varias imágenes de una misma escena cambiando un parámetro (por ejemplo, la velocidad) para obtener diferentes valores de iluminación.

HSL *Hue, Saturation and Lightness*, Tono, saturación e iluminación. Es una denominación alternativa para el espacio de color HSV.

HSM *Hyper Sonic Motor*, Motor hipersónico. Denominación utilizada por la empresa Sigma para indicar que el objetivo incluye un motor de ajuste supersónico que trabaja con frecuencias muy elevadas, por lo que el nivel de ruido audible es muy reducido.

HSV *Hue, Saturation and Value*, espacio de color basado en tono (color), saturación y valor (brillo o intensidad). Es una alternativa a la representación en RGB. El selector de color de GIMP permite comprobar los valores de un determinado color en comparación con los respectivos de RGB.

HTML *Hyper-Text Markup Language*, Lenguaje de hipertexto basado en etiquetas. Sistema original de definición de páginas web, se basaba en la utilización de un conjunto de etiquetas que eran interpretadas por el navegador, sin ser mostradas al usuario final.

El sistema HTML ya está en su quinta revisión (HTML5), y se está extendiendo como sistema XML genérico a otros dispositivos, como base para la interfaz gráfica, pero también como forma de estructurar los datos. El sistema HTML se utiliza, entre otros, en el formato epub de libros digitales.

iBook Formato de libro electrónico propietario de Apple, está basado en el estándar epub pero incluye ciertos cambios en las plantillas de estilo CSS.

ICC En fotografía, hace referencia al Consorcio Internacional del Color (*International Color Consortium*, en inglés), que es el grupo de trabajo para la estandarización del color. Se encargan de definir los procesos de calibración de los diferentes equipos utilizados en la producción de imágenes, desde las cámaras o escáneres hasta la impresión, pasando por los monitores.

IDE *Integrated Device Electronics* ("Electrónica de Dispositivo Integrada"). Tecnología de bus de datos paralelo utilizado en los discos duros en las décadas de 1980 y 1990. Este bus (todavía presente de alguna manera en las tarjetas Compact Flash) fue desplazado por el Serial ATA (o SATA).

IEEE *Institute of Electrical and Electronic Engineers*, Instituto de Ingenieros Eléctricos y Electrónicos, asociación estadounidense dedicada a la estandarización y el desarrollo de nuevos sistemas y tecnologías.

Interpolación Proceso matemático mediante el que se calculan valores intermedios relativos a (al menos) otros dos valores conocidos, teniendo en cuenta, por ejemplo, su posición relativa.

En imagen digital, permite la generación de imágenes con un número mayor de puntos o píxeles efectivos, aunque en realidad no se esté generando nueva información de imagen.

IPS *In-Plane Switching*, Conmutación en plano, es una tecnología utilizada en la fabricación de pantallas LCD modernas.

IPTC Acrónimo del *International Press Telecommunications Council*, consejo internacional de telecomunicaciones y prensa, que fue quien se encargó de la definición de los datos EXIF que se graban con las fotografías en la mayoría de cámaras digitales.

IR *InfraRed* - Infrarrojo. Relativo (por ejemplo) a los sistemas de control remoto por luz infrarroja, no visible para el ojo humano. Algunas cámaras se pueden modificar (básicamente, desmontando el filtro infrarrojo) para capturar imágenes en esas longitudes de onda, con un aspecto muy diferente al de las fotografías normales.

IRQ *Interrupt Request*, Solucitud de Interrupción. Término utilizado en informática para dispositivos que son capaces de detener la ejecución de una aplicación, para actualizar sus datos y variables de estado.

IRS *Internal Revenue Service* – Servicio interno de ingresos de los Estados Unidos. Entidad estadounidense encargada de la gestión de impuestos generados por actividades laborales y comerciales.

IS *Internal Stabilization*, estabilización interna. Denominación incluida en algunos objetivos para indicar que incluyen un mecanismo de compensación de vibraciones, lo que permite trabajar en peores condiciones de iluminación a mano alzada. Similar al "OIS" o al "VR" de otros fabricantes.

ISBN Acrónimo del inglés *International Standard Book Number*, Número Estándar Internacional de Libro. Es un código único para cada publicación, y se utiliza para la clasificación y catalogación de libros, principalmente.

En algunos países, como España, es obligatorio para cualquier tipo de publicación que se pretenda comercializar, incluyendo los libros electrónicos. El ISBN de una publicación en papel no puede ser el mismo que el de su versión en eBook.

Estructura de un número ISBN
Fuente: Sakurambo at English Wikipedia / WikiMedia Commons

ISO *International Standard Organization* - Organización Internacional para la Estandarización, recoge las propuestas de organizaciones nacionales (ASA, DIN...) y en su caso las publica con las actualizaciones necesarias.

En fotografía hace referencia a la clasificación de sensibilidades definida para las películas tradicionales, que se adoptó en la tecnología digital para indicar la correspondencia de los distintos ajustes de sensibilidad con aquellos valores originales.

ISSN *International Standard Serial Number* – Número de Serie Estándar Internacional. Código de numeración utilizado actualmente en muchas bibliotecas. Es una generalización del número ISBN, que puede incluir publicaciones periódicas y documentos de sonido o video.

ITIN *Income Taxpayer Identification Number* – Número de identificación fiscal para el registro de impuestos personales en Estados Unidos.

J

Javascript Lenguaje de programación interpretado, se procesa del lado del cliente (navegador o herramienta de visión de documentos) con capacidad de trabajar con aplicaciones externas. Actualmente ya incluye capacidades de acceso a funciones y datos del lado del servidor.

JEIDA *Japan Electronic Industry Development Association* - Asociación para el desarrollo de la industria electrónica de Japón. Fueron los encargados de definir la estructura de los datos exif junto con el consorcio IPTC.

Jitter Efecto de pincelada dispersa disponible en alguna de las herramientas de pintura de programas de edición de imagen, como GIMP.

JPEG *Joint Photography Experts Group*, grupo de expertos en fotografía. Fue el grupo original que trabajó en la definición del formato JPG, y que se consolidó con el algoritmo progresivo del instituto Fraunhofer.

Es el formato más utilizado en Internet, dado su rendimiento entre calidad y peso de la imagen; desde hace unos años, está sufriendo la competencia del nuevo formato PNG.

Su mayor inconveniente es la pérdida de información que se introduce al comprimir la imagen, que puede llegar a ser visible si el factor de compresión es muy elevado, o bien si una misma imagen se guarda varias veces sucesivamente. El resultado son artefactos de color.

JPEG XS Nuevo formato de imagen presentado por el grupo que desarrolló el JPEG. En este caso se trataría de una compresión sin pérdidas. Su nivel de compresión es menor que el del JPEG original (alrededor de un factor seis, frente a diez). Hace hincapié en una reducción de los recursos necesarios, lo que reduce a su vez el consumo de energía, algo de creciente importancia en dispositivos portátiles.

K

KF8 Kindle Format 8. Variación del formato anterior de archivos ebook de Amazon (era el KF7...), que incluía actualizaciones similares a las introducidas en el formato epub. Al igual que el KF7, iba "encapsulado" en un archivo .mobi. KF8 sería idéntico al formato AZW3.

KFX *Kindle Format* X. Nuevo formato de Amazon para sus libros electrónicos que incluye encriptación. Previsiblemente irá sustituyendo al formato mobi en los lectores de última generación.

Kilobit Cantidad de información digital equivalente a 1024 bits.

Kilobyte Cantidad de información digital equivalente a 1024 Bytes o a 8192 bits.

KPI Acrónimo en inglés de Key Performance Indicator, indicador (o índice) clave de rendimiento. Variables consideradas en un negocio cualquiera para analizar su éxito. En este libro, para estimar si la estrategia de promoción es correcta en la inserción de publicidad en un blog o web.

L

L*a*b (también Lab) – Espacio de color. Ver CIELAB.

LCD *Liquid Crystal Display,* pantalla de cristal líquido.

LD *Low dispersion*, baja dispersión. Acrónimo que se utiliza en algunos objetivos para indicar que incluyen algún elemento (recubrimientos especiales, lentes asféricas) que reduce los efectos de refracción de la luz al atravesarlos.

LED *Light-emitting diode*, diodo emisor de luz. Dispositivo semiconductor de bajo consumo capaz de emitir luz si pasa una corriente eléctrica a través de él en un sentido determinado. Actualmente, algunas pantallas de televisión están sustituyendo la tecnología TFT a favor de paneles compuestos por LEDs.

Algunos teléfonos móviles ya están utilizando componentes orgánicos (OLED, u Organic LED) utilizados junto al semiconductor para producir intensidades mayores de luz con consumo reducidos.

Lienzo En imagen digital, hace referencia al tamaño total de la imagen, que puede no contener información efectiva de la misma (si la imagen incluye transparencia). Es el término utilizado para definir el tamaño y/o formato de salida de la misma.

Live view Vista "en vivo". Función disponible en la mayoría de cámaras fotográficas, muestra en la pantalla digital la imagen recibida por el sensor, de manera dinámica.

Esto permite, por ejemplo, componer una imagen en posiciones difíciles en las que sería difícil encuadrar a través del visor óptico, por ejemplo, por encima de un grupo de gente, o en fotografías a ras de suelo.

LPI / LPP *Lines per inch* / Líneas por pulgada. Unidad utilizada para la estimación de la resolución efectiva de las cámaras fotográficas, que tiene en cuenta no sólo la estructura física del sensor, sino también el impacto del filtro de color, el de paso bajo y la óptica utilizada.

Luz de relleno Luz secundaria utilizada en fotografía para aclarar sombras muy oscuras de una escena, o bien para definir contornos en zonas de sombra. Suelen tener una potencia menor que la luz principal, y pueden producirse con equipos activos (bombillas, flashes...) o pasivos (reflectores, difusores).

Luz principal Iluminación dominante en una escena a fotografiar. Puede ser una luz artificial (flash) o natural (por ejemplo, el sol).

LZW Método de compresión de datos sin pérdidas desarrollado por Abraham Lempel, Jacob Zib y Terry Welch, el acrónimo hace referencia a sus apellidos.

Es el método básico utilizado en muchos formatos de fichero (TIF, GIF, algunos JPG). No es el mejor método de compresión (data de 1978, su mejora de 1984) pero obtiene buenos rendimientos para ficheros "grandes".

M

M (Manual) Indicación del modo de disparo manual en algunas cámaras digitales. Por lo general, el usuario tiene control sobre los valores de apertura (diafragma), tiempo de exposición (obturador) y sensibilidad equivalente, junto con otros valores opcionales como la compensación de exposición o el ajuste de balance de blancos.

Macro(fotografía) Fotografía de aproximación realizada con lentes especiales (o bien con lentes genéricas en una posición concreta). Permiten grandes valores de ampliación, con el objeto fotografiado de un tamaño similar al del sensor de la cámara.

La referencia que se toma es el tamaño del objeto fotografiado, comparado con el tamaño real del sensor. Así, un objetivo macro 1:1 conseguirá una proyección del objeto sobre el sensor de su mismo tamaño.

Manejador (handler) – Punto de control disponible en muchos programas de edición (tanto fotográfica como de dibujo vectorial) para ediciones básicas (cambios de tamaño o forma, ajuste de curvaturas) de los elementos seleccionados.

Mapa de bits Ver Bitmap. Es una imagen cuya información se almacena como una tabla de valores de color para cada píxel.

Margen Distancia mínima entre los elementos de un diseño y el borde físico de la página. Muchos editores o impresores indican un valor mínimo que no se debe traspasar, dado el riesgo de pérdida de información por un desajuste del proceso de impresión, encuadernado o corte.

Máscara Herramienta matemática utilizada en edición de imagen para proteger ciertas áreas de la misma frente a procesos de edición. Las máscaras suelen crear un canal de información añadido, que en lugar de contener datos de color incluye información de cómo se protege la imagen.

MB/s Megabytes por segundo, unidad de velocidad de transferencia de datos digitales utilizada en informática.

Megabyte (MB) Unidad utilizada en informática para representar 1,024 Bytes.

Memory Stick (MS) Formato de tarjeta de memoria desarrollado por Sony, sigue utilizándose en las cámaras de la marca, tanto en las fotográficas como en las de video.

El hecho de ser un formato propietario y la menor difusión de este ha llevado a precios más elevados que, por ejemplo, los de las tarjetas SD actuales, a pesar de tener valores de capacidad y velocidad de lectura / escritura similar.

Mezclador de Canales Herramienta de edición de imagen presente en la mayoría de los editores avanzados, que permite modificar la importancia relativa de cada canal de color (por ejemplo, rojo, verde y azul en el sistema RGB) en la imagen final.

Mediante el mezclador de canales podemos generar imágenes artísticas con colores falseados, o bien versiones monocromas (en blanco y negro).

microSD Versión miniaturizada de la tarjeta de memoria SD, muy utilizada en dispositivos portátiles (smartphones, *ebooks, tablets...*)

MF *Manual Focus.* Modo de enfoque manual, es el usuario quien ajusta la posición del objetivo para conseguir el enfoque en el punto deseado. Es el ajuste opuesto al modo automático (normalmente indicado como AF – Auto Focus), y suele compartir con este una tecla de selección.

MMC / Multimedia Card Tarjeta Multimedia. Formato de tarjeta de memoria desarrollado por SanDisk, junto con la filial de Siemens Ingentix. Es compatible con la conexión de las tarjetas SD, aunque su factor de forma es diferente. Actualmente en desuso.

Mobi Formato de libro electrónico desarrollado por la empresa Mobipocket, que fue comprada posteriormente por Amazon.

Moirè Efecto óptico que genera tramas artificiales en imágenes (tanto analógicas como digitales), causadas por la interferencia óptica resultante de la superposición de dos patrones similares con ángulos ligeramente desplazados.

Mp Megapíxel, unidad utilizada frecuentemente en fotografía para hablar de la cantidad de píxeles contenidos en una imagen. Dependiendo del factor de forma, este valor de resolución dará lugar a diferentes dimensiones de imagen.

MP3 MPEG-1 / MPEG-2 *Audio Layer* III. Formato de sonido digital definido dentro del estándar MPEG-1. Su desarrollo fue liderado por el Instituto Fraunhofer, dentro del grupo MPEG.

MPEG *Motion Picture Experts Group*, grupo de expertos en imágenes en movimiento. Fueron el equipo de desarrollo encargado de la definición del estándar de video MPEG-1, seguido por su actualización, el MPEG-2.

MS2 *Memory Stick* 2. Denominación de la versión miniaturizada de las tarjetas *Memory Stick* de Sony, utilizadas en algunos teléfonos móviles.

Multimedia En general, información transmitida a través de diferentes medios o soportes, como la prensa en papel, Internet, archivos de audio o video...

Multiplicar Modo de fusión en el que el valor de la capa superior se multiplica (dividido por 255) por el de la capa inferior, obteniendo un oscurecimiento en la imagen final (basada en la capa inferior) proporcional a la información de la capa superior.

N

NAND Estructura lógica realizada con transistores, utilizada en electrónica para crear circuitos más complejos. En este caso, la estructura genera una salida activa cuando al menos una de las entradas está inactiva (o en el estado inverso).

Nanocell Tecnología de pantalla desarrollada a partir del concepto de OLED, pero utilizando células nanométricas que deberían, en teoría, mejorar la representación del color y aumentar el contraste, por ejemplo, para representar imágenes de alto rango dinámico (HDR).

ND *Neutral Density* - Densidad Neutra. Esta denominación se aplica a filtros ópticos que reducen la intensidad de la luz incidente en el sensor, sin modificar los colores. Estos filtros pueden ser uniformes, o bien presentar un degradado entre dos tonos diferentes.

Habitualmente se indica el grado de reducción de esta luz según el inverso de la misma: Un filtro ND2 dejará pasar la mitad de la luz (un 50%, o bien 1/2, equivalente a un paso de velocidad o diafragma), y un filtro ND4 la cuarta parte (un 25%, o bien 1/4, equivalente a dos pasos de ajuste).

NEF Acrónimo para *NEgative File* (o *NEgative Format*). Es un intento de unificar la definición de los ficheros RAW, de cara a crear aplicaciones y herramientas de proceso. En la actualidad, muchas cámaras SLR ya permiten la captura en este formato.

Negativo En fotografía tradicional, era el soporte físico de las imágenes, con la característica especial de que contenía los colores invertidos respecto a la escena original (el blanco era negro, y al revés). Este comportamiento se debía al proceso químico utilizado, y requería un paso de positivado para recuperar la imagen correcta.

NFC *Near-Field Communication*, Comunicación cercana o de proximidad. Protocolo de comunicación inalámbrica de corto alcance, utilizado en algunos dispositivos electrónicos para la transferencia de cantidades limitadas de información.

Algunas cámaras actuales incluyen este protocolo para descargar las fotos al ordenador mediante una base dedicada que es capaz de recibir la información.

También, es un sistema incluido en teléfonos móviles para diferentes aplicaciones, como el pago electrónico o la transferencia de imágenes o tarjetas de visita.

Nivel En edición digital, cantidad de puntos de una imagen que contienen un determinado tono de iluminación o de color primario, según el histograma que se esté analizando. Es un dato clave como punto de partida para el ajuste de niveles o de curvas.

NM *Nano Memory Card*, nuevo formato de tarjeta de memoria propuesto por la empresa Huawei. Tendría un tamaño similar a la nanoSIM, por lo que podría instalarse en teléfonos con capacidad para SIM dual, si su sistema incluye los controladores apropiados. Utilizan el mismo protocolo que las tarjetas microSD.

NOR Estructura lógica realizada con transistores, utilizada en electrónica para crear circuitos más complejos. En este caso, la estructura genera una salida activa cuando ninguna de las entradas está activa (o en el estado inverso).

Normal Modo de fusión en trabajo con capas. No modifica el contenido de ninguna de las capas utilizadas, por lo que los objetos situados en capas superiores ocultan a los colocados en capas inferiores.

NRW *Nikon Raw Format*, formato raw de Nikon, utilizado en sus cámaras compactas (a diferencia de las profesionales, que utilizan el formato NEF)

NTFS Del inglés *New Technology File System*, sistema de archivos de nueva tecnología. Sistema de archivos incluido en algunas versiones de Windows que permitía utilizar tamaños de clúster de forma independiente al de la partición, produciendo un uso más optimizado del espacio en los discos duros.

No necesita tablas de localización de archivos (la base del sistema FAT), sino que trabaja con árboles de enlaces, lo que acelera el acceso a la información. Los sistemas Windows permiten el cambio de formato de FAT32 a NTFS, pero no a la inversa.

Número f Indicador de la apertura efectiva de un diafragma en una lente concreta, equivalente a la relación entre su distancia focal y el diámetro de la apertura del diafragma.

Por ejemplo, un diafragma f/8 tendrá un diámetro de apertura de un octavo de la distancia focal. En una lente de 50mm, esto equivaldría a 6.25mm. En una lente de 200mm, el mismo número f/8 implicaría una apertura de 25mm de diámetro.

Los "pasos" tradicionales de ajuste utilizaban un factor de dos para el aumento o la reducción del área de la apertura, lo que implica cambios con un factor de raíz cuadrada de dos en el diámetro. Así, los valores habituales en objetivos eran los siguientes:

$$1.4 - 2 - 2.8 - 4 - 5.6 - 8 - 11 - 16 - 22...$$

Actualmente, el control digital permite ajustes más finos (de hasta un tercio de paso), por lo que es habitual ver valores diferentes a los de arriba (por ejemplo, f/7.1).

Además, algunas lentes tienen, por su estructura, valores diferentes en el extremo inferior (por ejemplo, 1.8 ó 3.5) que pueden no coincidir con ninguno de los mostrados arriba.

NVMe *Non-Volatile Memory Express* Memoria no volátil Express. Protocolo utilizado por algunas memorias SSD conectadas al bus PCI Express, se basa en la paralelización de procesos, lo que mejora su rendimiento.

O

Objetivo Lente o conjunto de lentes utilizados en fotografía para enfocar la imagen capturada sobre el área del sensor. El objetivo puede estar integrado con la cámara (como en el caso de las compactas), o bien ser una pieza intercambiable del sistema (caso de las cámaras réflex).

Habitualmente, el conjunto de lentes se divide en grupos, que se desplazan entre sí para conseguir el enfoque deseado y, en algunos casos, el ángulo de visión, si es un objetivo de distancia focal variable.

Obturador Dispositivo que controla el tiempo de exposición del sensor fotográfico (o la película) a la luz incidente de la imagen. Tradicionalmente, se componía de dos piezas opacas que permitían el paso de la luz al sensor durante el tiempo fijado.

Dado que estas piezas debían desplazarse sobre el negativo (o actualmente sobre el sensor en el caso de algunas réflex digitales), el tiempo efectivo en el que la totalidad del área sensible está expuesta es menor que el fijado, lo que limita la velocidad de sincronización con el flash.

ODT *Open DocumenT* – formato de documento abierto propuesto inicialmente por Sun Microelectronics, se extendió como un estándar de archivo OpenSource frente a soluciones propietarias como los formatos de la empresa Microsoft.

OIS *Optical Internal Stabilization*, estabilización interna. Denominación incluida en algunos objetivos y cámaras bridge para indicar que incluyen un mecanismo de compensación de vibraciones, lo que permite trabajar en peores condiciones de iluminación a mano alzada. Similar al "IS" o al "VR" de otros fabricantes.

Ojo de pez Objetivo gran angular extremo, con distancias focales de 10mm o menos. Producen fuertes distorsiones en la imagen capturada, por lo que se utilizan sobre todo con fines artísticos.

OLED *Organic Light Emitting Diode*, diodo orgánico emisor de luz. Son diodos LED en cuya composición se incluyen compuestos orgánicos (ya sea como pequeñas moléculas o como polímeros). Permiten la fabricación de pantallas muy planas, e incluso curvadas o flexibles.

OpenSource Código abierto o libre, se aplica a programas, *plugins* y complementos de software desarrollados de manera abierta. Habitualmente, se comparte el código fuente, y cualquier usuario puede modificarlo para crear una evolución del mismo.

Oscurecer Sólo Modo de fusión de capas en GIMP. El resultado de aplicar este modo de trabajo es el de presentar en pantalla, para cada punto, el valor de iluminación más bajo, esté en la capa que esté.

P

P (Program) Indicación de modo de disparo semiautomático de algunas cámaras digitales, en las que el usuario tiene control de la sensibilidad equivalente y el ajuste de exposición.

Página Maestra Página que contiene una descripción de elementos (tipo, tamaño y posición) que definen una configuración determinada, que se puede recuperar y aplicar tantas veces como queramos dentro de una maqueta concreta.

El uso de páginas maestras facilita el trabajo en publicaciones complejas, simplificando el proceso de colocación de los diferentes elementos.

Pantalla Modo de fusión en GIMP. Produce el efecto contrario al modo Multiplicar. En este caso, se realzan los tonos claros de la capa inferior cuanto más oscura es la información de la capa superior.

Paso Cantidad de ajuste necesaria de un parámetro fotográfico (diafragma, velocidad o sensibilidad) para obtener el doble o la mitad del valor de iluminación que en la imagen original.

Esta definición de "paso" se basaba en el comportamiento no lineal de las películas químicas, capaces de reaccionar rápidamente con la primera luz incidente, pero más despacio según pasaba el tiempo.

El uso de estos pasos en fotografía fue el origen del sistema de numeración tradicional para las velocidades del obturador y para la relación entre áreas de apertura del diafragma. Ver Número-f.

Paspartú Adaptado del término francés *passepartout*. Lámina gruesa (cartón, cartulina) que se añade a las fotografías para adaptar su tamaño al marco donde se montará, y para evitar que la fotografía toque el cristal, si el montaje lo incluye.

PATA *Parallel ATA* (bus de datos similar a IDE) – Denominación del bus de comunicaciones ATA, creada en 2004 para diferenciar el antiguo bus paralelo del nuevo bus serie que apareció en esas fechas.

PC *Personal Computer* – Ordenador o computadora personal.

PCI *Peripheral Component Interconnect*, Conexión de Componente Periférico. Bus de datos de los ordenadores que desplazó a las conexiones EISA y VESA Local Bus como estándar en placa base en la década de 1990. Era más eficaz a la hora de conectar diferentes dispositivos "*plug-and-play*". Por la parte técnica, permitía una asignación dinámica de recursos y direcciones IRQ.

PCI-Express Actualización del estándar PCI que requiere un conector más pequeño en la placa base de los ordenadores, permitiendo una mayor velocidad y compatibilidad con nuevos dispositivos.

Pd Símbolo químico del Paladio, metal utilizado tradicionalmente (en forma de sales) para el virado de las fotografías en blanco y negro. Produce un resultado algo más frío que el virado a sepia.

PDF *Portable Document Format* – Formato de documento transferible. Es un formato original de la empresa Adobe, que se ha extendido como estándar entre plataformas informáticas. La mayoría de programas de edición de imagen y gráficos vectoriales, y las suites de ofimática modernas pueden exportar los documentos directamente a este formato.

PEF *Pentax Electronic File*, Archivo electrónico de Pentax. Formato de Pentax para ficheros RAW.

Pentaespejo Estructura similar al pentaprisma, realizada con espejos. Obtiene un rendimiento similar (algo menor) que el pentaprisma, con un peso (y coste) mucho menor. Este es el motivo de que se monten preferentemente en cámaras SLR de gama baja y media.

Pentaprisma Bloque óptico con cinco caras útiles en el sentido de transmisión de la imagen, consigue una orientación real de la imagen en el visor, que se vería de otro modo invertida debido a la reflexión en el espejo del obturador.

Es el elemento que da la forma característica de "joroba" en la parte superior de las cámaras réflex - y también un buen responsable del peso de estas.

Perfil de Color Comportamiento de un dispositivo concreto de entrada (escáner, cámara) o salida (pantalla, impresora) de imagen digital, que tenderá a potenciar ciertos colores frente a otros concretos. Los diferentes dispositivos utilizados en el proceso de edición y creación digital deben calibrarse para conseguir una reproducción fiel del color.

PHP Acrónimo recursivo en inglés que significa *"PHP Hypertext Preprocessor"* (preprocesador de hipertexto), donde el segundo PHP hace referencia históricamente al acrónimo PHP/FI, *Personal Home Page Form Interpreter*, intérprete casero de formularios de uso personal.

PHP es un lenguaje de programación utilizado en páginas web, que interpreta las diferentes líneas de una página web y las presenta (o no) al usuario según sus preferencias y el entorno concreto (sistema operativo, ordenador, etc.)

PIC / PICT Picture, uno de los primeros formatos de archivo de imagen, utilizado por Apple en sus ordenadores Macintosh. Funcionaba como un "metaarchivo de intercambio" y podía incluir tanto información de mapa de bits como de gráficos vectoriales.

Apple abandonó esta estrategia con la aparición del sistema operativo OSX, dando prioridad al formato PDF.

Pica Unidad de medida utilizada en imprenta y tipografía, equivalente a doce puntos (ver "punto tipográfico") y a un sexto de pulgada.

Pinhole Es el tipo de cámara fotográfica más sencillo, y no utiliza ningún tipo de objetivo. En su lugar, usa el concepto de la cámara oscura, mediante un simple agujero en la pared opuesta al sensor o película. Ver cámara oscura.

Plano Focal Superficie ideal en la que la imagen proyectada por el objetivo (o por una lente en general) aparece enfocada. Idealmente, debe coincidir con el plano del sensor o película fotográfica. En la práctica, dada la forma de trabajar de las lentes, el "plano" focal es en realidad una superficie esférica.

La intersección de esta superficie con el plano del sensor definirá un área con enfoque óptimo, y habrá zonas de la imagen que no podrán tener este nivel de enfoque. En este sentido, Sony ha presentado los primeros sensores curvados, que deberían compensar este efecto en uno de los ejes.

Plug-and-Play (Una traducción aproximada sería "enchufar y utilizar"). Característica de los dispositivos que son reconocidos automáticamente por un ordenador, instalando también (en caso de que sea necesario) los *drivers* apropiados de manera automática.

Plugin Complemento de Software habitualmente desarrollado de manera independiente de la aplicación en la que se utiliza, a la que le añade cierta funcionalidad. Pueden estar desarrollados también por empresas diferentes a las que generan la aplicación de partida.

PNG *Portable Network Graphic* – Gráfico (o imagen) portátil para la red. Es una imagen que toma las mejores características de diversos formatos, para crear este nuevo, que ya es compatible con la mayoría de los navegadores de internet.

En concreto, utiliza el espacio RGB completo (8 bits por canal, como JPG y TIF) y permite compresión sin pérdidas (como GIF y TIF) pero consiguiendo tamaños de archivo muy reducidos.

POD *Print-on-demand*. Impresión bajo pedido. Proceso moderno de impresión que permite publicar libros en papel con cantidades muy bajas, evitando la creación de stocks.

Pop-up Utilizado para referirse a los flashes retráctiles disponibles en muchas cámaras fotográficas. Normalmente se encuentran ocultos dentro del cuerpo de la cámara, y se extienden manualmente (mediante un botón o palanca) o bien de manera automática, si la cámara detecta que las condiciones de luz no son favorables.

Minilibros prácticos

Posts Artículos breves publicados en Internet, normalmente en blogs o webs temáticas.

ppp Puntos por pulgada (similar a dpi), indicación de cuántos puntos diferentes puede representar un dispositivo de salida por unidad de longitud. En impresoras, este valor suele estar en torno a 300 ó 600ppp, como mínimo; los monitores trabajan con valores menores habitualmente, como 72 ó 96ppp.

Prime En Fotografía, se refiere a los objetivos con distancia focal fija. En ocasiones, el significado también se asocia con la traducción literal del inglés (primario), para indicar el elemento principal de una óptica, cuando se usan accesorios (adaptadores, anillos, lentes macro...).

Profundidad de Campo Espacio de una escena en el que los objetos aparecerán enfocados en la fotografía. Normalmente, es una distancia determinada delante y detrás del plano de enfoque, y depende (entre otras cosas) del diafragma utilizado para la captura.

Proporción de aspecto Ver Relación de aspecto.

PSD *PhotoShop Document*, Documento de PhotoShop. Formato de archivo original de Photoshop que permite almacenar información de capas, además de máscaras y trazados. GIMP permite abrir y guardar con este formato.

Pseudogrey Gris falso. Sistema de representación de imágenes en blanco y negro que permite incluir más de 256 tonos diferentes, mediante el uso de los colores más próximos a los tonos grises, normalmente con uno o dos bits de "distancia" por canal como máximo.

Pt Símbolo químico del Platino, metal utilizado tradicionalmente (en forma de sales) para el virado de las fotografías en blanco y negro. También, unidad de medida en tipografía (ver Punto Tipográfico)

Punto Fuerte Punto de una imagen en el que los objetos reciben una mayor atención por parte del espectador. Por ejemplo, los puntos situados a uno o dos tercios de altura de la imagen y a uno o dos tercios de distancia de uno de sus lados (siguiendo la regla de los "tercios").

Punto tipográfico (pt) Unidad de medida utilizada para definir el tamaño de partida de los caracteres de un texto. Según el sistema utilizado, su medida real es ligeramente diferente. En el siglo XX, el punto tipográfico (informática) se definía como 1/72 de pulgada, y por tanto 352.8 micras.

El sistema continental europeo parte del pie francés, y da lugar a un valor de 376 micras. Finalmente, el sistema anglosajón se basa en la pulgada inglesa, y da un valor de 351 micras.

Q

QLED *Quantum-dot Light-Emitting Diode*. Tecnología de pantalla utilizada por Samsung en sus últimos televisores, basados en diodos de color producidos con nanopartículas. En teoría, son capaces de producir más intensidad que las pantallas OLED, y una gama más rica de color.

Actualmente, requieren de una iluminación trasera similar a la de las pantallas LCD. Otros fabricantes, como LG, están trabajando en tecnologías similares, en este caso denominada *NanoCell*.

R

Ráfaga Sucesión de disparos realizados por una cámara de manera automática. Permite capturar varias imágenes sucesivas en sujetos móviles, facilitando que alguna de estas capturas consiga el enfoque y encuadre deseado.

La velocidad de disparo entre imágenes de una ráfaga viene dada por las limitaciones mecánicas (en el caso del espejo de las cámaras réflex) o electrónicas (velocidad del microprocesador y de escritura en memoria) de la cámara.

RAID *Redundant Array of Independent Disks* - Conjunto redundante de discos independientes, es una agrupación de discos duros para dar lugar a una unidad lógica única. Según esta combinación sea más o menos compleja, el nivel de seguridad de los datos es mayor o menor, pero siempre mejor que la de cada disco por separado.

La capacidad final puede ser menor que la del conjunto de discos, ya que se suelen utilizar por pares conteniendo la misma información, de manera que se pueden corregir errores posteriormente en caso de pérdida o corrupción de datos.

RAM *Random-Access Memory*, memoria de acceso aleatorio. Es la memoria de trabajo de los ordenadores y las cámaras fotográficas; su contenido se pierde al desconectar la alimentación.

RAW Del inglés (*raw* significa crudo), hace referencia a los archivos digitales generados por la cámara con la información directa del sensor, sin ningún proceso interno. Contienen mucha más información que los archivos JPG - y su tamaño también es mucho mayor.

Habitualmente, trabajan con 14 ó 16 bits de información por cada canal de color. Hay diferentes formatos de archivo considerados como RAW, siendo los más frecuentes el CR2 de Canon y el NEF de NIkon.

Recorte Pérdida de información de una imagen que se produce cuando se aumenta demasiado el brillo (se dice que hay un recorte en las luces altas) o bien cuando se oscurece demasiado (recorte en las sombras).

El resultado son áreas de color blanco o negro uniforme, respectivamente, que pueden dar una sensación desagradable a la imagen, como si faltase algo.

Reflector Elemento pasivo utilizado en fotografía para rebotar parte de la luz existente hacia el sujeto u objeto fotografiado, sin necesidad de añadir una nueva luz activa.

Reflexión Efecto óptico por el que los haces de luz se dividen en dos haces al incidir en una superficie transparente o translúcida. Un haz se transmite a través del nuevo medio, mientras que el otro se reflejará dentro del medio inicial. Cuanto mayor sea la transparencia del nuevo medio, menor será la cantidad de luz reflejada.

Refracción Efecto óptico por el que la luz cambia de dirección al pasar de un medio de propagación a otro diferente (por ejemplo, del aire al agua, o del aire al cristal de una lente).

Regalía Ver *Royalty*

Rejilla Extensión del concepto de guía, que asigna propiedades de alineado a puntos específicos de una imagen (en forma de cuadrícula, cuya distancia se puede ajustar habitualmente). Permite una alineación rápida de múltiples objetos de manera precisa.

Relación de Aspecto Relación entre el ancho y el alto de un objeto. En estos libros, utilizado principalmente para las imágenes digitales o los elementos utilizados en una composición.

Retrato En fotografía, imagen obtenida de una o varias personas. También hace referencia al formato de imagen que es más alto que ancho. Al no corresponder con el área de visión humana (más horizontal), fuerza al espectador a "imaginar" qué sucede a los lados de la imagen, creando cierta tensión.

RGB *Red, Green and Blue*, rojo, verde y azul. Es el sistema universal de representación de color en pantallas y monitores, y cubre gran parte del espectro visible por el ojo humano.

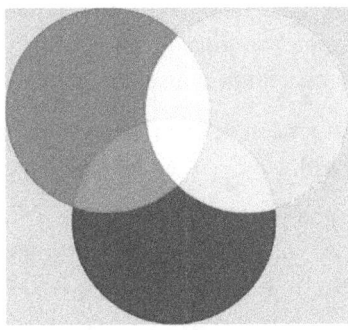

Creación de colores aditivos en el sistema RGB

La generación de colores en el sistema RGB es por adición. Desde hace unos años, hay espacios de color derivados del RGB, como el sRGB y el AdobeRGB.

Royalty Pago recibido por el permiso otorgado a un editor para imprimir y vender nuestra obra intelectual (libro, fotografía, música...), equivalente a un pago por derechos de autor.

RTF *Rich-Text Format*, formato de texto enriquecido. Evolución del formato TXT que permite almacenar información del estilo de carácter, como su tipo de letra, tamaño, si es negrita o cursiva... Es una buena opción para crear primeras versiones de libros con pocos requerimientos de formato (novelas y ensayos, por ejemplo).

RVA Acrónimo en español (Rojo, Verde y Azul) para el sistema RGB.

S

S (Shutter) Del inglés, obturador. Modo semiautomático de disparo de algunas cámaras digitales en las que el usuario tiene control sobre la velocidad de obturación. La cámara compensa el valor del diafragma (junto con el de la sensibilidad equivalente y el ajuste de compensación de exposición) para que la imagen se produzca con una iluminación correcta.

Sangría En imprenta, la sangría hace referencia a la parte de contenido "vivo" de una página que se corta (o puede cortarse) a la hora de encuadernar. Es importante en páginas con imágenes o gráficos hasta el borde, que deben prever cierta pérdida en ese proceso de corte (habitualmente, unos cinco milímetros).

Saturación Intensidad de color, tomando como referencia el color blanco y valor el máximo posible para ese color en el espacio de color determinado. Puede expresarse de una manera matemática, por lo que la mayoría de los programas de edición fotográfica permiten modificar el color de las imágenes mediante el ajuste de esta saturación.

La ausencia total de saturación de color da lugar a una imagen en escala de grises (en blanco y negro), aunque mantiene los tres canales de color RGB.

También, Modo de fusión en GIMP. Trabaja con el sistema de color HSB, y permite tanto realzar los colores como crear imágenes lavadas, con colores suaves (pastel).

SD / SDHC / SDXC *Secure Digital / SD High Capacity / SD eXtended Capacity* - Estándar actual para la mayoría de las cámaras fotográficas, es la tarjeta más utilizada en la actualidad en múltiples aparatos electrónicos.

Las diferentes variantes (HC, XC) son revisiones del estándar, que cada vez admite más capacidad y trabaja con mayores velocidades de lectura y escritura. Hay formatos "micro", específicos para equipos portátiles (teléfonos móviles...), con rendimientos similares a los del formato de referencia.

SD Express Nuevo estándar para las tarjetas SD (especificación 7.0) que sería compatible con el interfaz PCI Express. Permitiría velocidades de hasta 985MB/s y sería compatible con el estándar NVMe, que facilitaría la producción de capacidades de hasta 128TB.

SDUC SD *Ultra Capacity*, tarjetas de memoria que trabajan con el estándar SD Express.

Se Símbolo químico del Selenio, metal utilizado tradicionalmente (en forma de sales) para el virado de las fotografías en blanco y negro.

Sensibilidad Capacidad de una película fotográfica para capturar la luz incidente. Depende del tipo de sales utilizadas, y del tamaño de "grano" utilizado.

En fotografía digital, los sensores se calibran para que trabajen con valores de sensibilidad equivalentes a los originales de la película química, pudiendo extender el rango de valores por encima de los tradicionales.

Sepia En fotografía, es un procedimiento tradicional de coloreado de fotografías en blanco y negro, que les daba un color marrón claro característico. Ejemplo de imagen procesada en sepia.

Arriba: Imagen con virado en sepia

Serif Decoración aplicada a los caracteres de ciertos tipos de letra (por ejemplo, la *Times New Roman*). En principio, mejoran la legibilidad de textos con tamaños de letra reducidos ya que, entre otras cosas, producen una línea "imaginaria" que une los pies de la mayoría de letras.

Serif Serif

Izquierda: fuente con serif. Derecha: fuente sin serif

SIM (incluir nano SIM) formato de tarjeta de identificación para teléfonos y dispositivos móviles ...

SLA Scribus LAyout, maqueta de Scribus. Formato nativo de este programa de composición de publicaciones, derivado del XML.

SLR Acrónimo de *Single-Lens Reflex*, cámara réflex de óptica única. Esta óptica ""única"" hace referencia al mecanismo del espejo, que permite usar el mismo objetivo para la composición y la captura de la imagen.

Sería el concepto opuesto al de algunas cámaras antiguas (como las de la marca Rollei), que utilizaban dos objetivos gemelos, uno para la composición y el enfoque y otro para la toma real de la fotografía.

Snoot "Hocico" en inglés, hace referencia a los adaptadores que se colocan delante de los flashes para conseguir una luz muy localizada y direccional, que iluminará al objeto de la fotografía, pero dejará prácticamente a oscuras el resto de la imagen.

Softbox Dispositivo utilizado en fotografía para modificar la luz de los flashes o luces de estudio produciendo una luz más blanda y uniforme, lo que reduce sombras más suaves y elimina efectos como el de los ojos rojos.

Solapar Modo de fusión "muy complejo" que produce un oscurecimiento general de las imágenes, aunque no tan fuerte como el del modo "Multiplicar".

SQL *Structured Query Language*. En inglés, lenguaje de consulta estructurada. Es un lenguaje utilizado junto con el PHP para la gestión de información de bases de datos, utilizadas de manera muy extensa en las páginas web modernas.

SRAM *Synchronous Random-Access Memory*. Memoria de acceso aleatorio síncrono. Tipo de memoria RAM que puede almacenar la información mientras siga conectada a la alimentación, sin necesidad de realizar tareas de refresco.

SSD *Solid-State Drive*, Unidad de estado sólido. Se refiere a unidades del tamaño de los discos duros de ordenador portátil (2,5 pulgadas) construidos con memoria flash (chips electrónicos) de alta velocidad.

Esta memoria permite el almacenado de datos tras quitar la alimentación, y con un número muy elevado de ciclos de lectura y escritura (antes de fallos) a altas velocidades, por lo que se están introduciendo poco a poco como alternativa a los discos duros – al menos, los de arranque de sistema.

STM *STepper Motor*, motor controlable paso a paso. Acrónimo que se puede encontrar en algunos objetivos intercambiables (cámaras réflex o EVIL) para la función de enfoque. Suelen ser rápidos, pero algo ruidosos.

Stock Existencias de un producto físico.

Substractivo Espacio de color en el que cada tono o color independiente elimina cierta cantidad de colores (sus opuestos). Es el utilizado en impresión por pigmentos (ya sea tinta líquida o polvo de tóner).

El espacio de color CMYK se comporta de esta manera, por lo que es el preferido por los sistemas profesionales de impresión (aunque actualmente el paso del sistema RGB al CMYK se puede hacer con gran precisión gracias a los perfiles de color de los dispositivos).

Suite Conjunto de aplicaciones que suelen estar disponibles en grupo, de manera que pueden intercambiar datos entre ellas de manera directa. Por ejemplo, podrás encontrar referencias a las suites de ofimática como Microsoft Office, o las gratuitas OpenOffice y LibreOffice. También Adobe utiliza la denominación Creative Suite para sus aplicaciones de diseño gráfico.

Supergrey (Supergris) Técnica de proceso de imagen que consigue un resultado similar a la escala de grises, pero con un número mayor de tonos. Se basa en utilizar ligeras diferencias (uno o dos bits) en un canal de color del sistema RGB, que no se aprecian a simple vista. El Supergrey puede evitar la aparición de "banding", o bandas de color uniforme en la impresión de las fotografías.

SVG *Scalable Vector Graphic*, Imagen vectorial escalable. Formato *OpenSource* de gráfico vectorial utilizado, por ejemplo, por el programa InkScape, o incluso en las últimas versiones de la *suite* Office de Microsoft. Permite ampliar o reducir el tamaño de un diseño sin pérdidas de calidad...

Swatch Literalmente, retal, del inglés. Pequeña paleta de colores que se puede crear en aplicaciones como InkScape y GIMP, para trabajar sobre un archivo concreto.

T

Tag Etiqueta, en inglés. Pequeños códigos de texto que se insertan en archivos HTML / XML para identificar su origen. Se utilizan, por ejemplo, para la publicidad en sistemas de afiliación.

Teleobjetivo Lente cuya distancia focal es mayor que la de la visión humana normal. Aunque en principio se trataría de lentes de 60mm o más, habitualmente se denominan teleobjetivos a las lentes a partir de 85mm.

Los objetivos por encima de 200mm se denominan súper-teleobjetivos.

Los teleobjetivos tienen la característica de "acercar" los objetos (ya que el ángulo de visión cubierto es menor), aplanando la imagen y produciendo una buena separación de los objetos respecto del fondo (bokeh).

Como contrapartida, al cubrir un ángulo de imagen menor la cantidad de luz que pasa a través de un teleobjetivo suele ser también menor.

Temperatura de Color Influencia de la luz ambiente en el color resultante en una fotografía. La clasificación habitual oscila entre colores "cálidos", hasta unos 3,500K (grados Kelvin), hasta los colores fríos (a partir de unos 6,000K), pasando por las iluminaciones medias (entre 3,500K y 6,000K, equivalentes a luz de día).

Las temperaturas bajas dan como resultado colores cálidos, rojizos y naranjas. Las frías, por el contrario, pueden dar tonos verdosos y azulados, poco agradables en retratos, por ejemplo.

Ejemplos típicos de temperatura de color:

• 1700 K: Luz de una cerilla

• 1850 K: Luz de vela • 2800 K: Luz incandescente o de tungsteno (iluminación doméstica convencional)

• 3000 K: tungsteno (con lámpara halógena)

• 4000–4500 K: Lámpara de mercurio

• 2700 K hasta los 10000 K: Luz Fluorescente (aproximado)

• 5500 K: Luz de día, flash electrónico (aproximado)

• 5780 K: Temperatura de color de la luz del sol pura • 6420 K: Lámpara de Xenón

• 9300 K: Pantalla de televisión convencional (CRT)

• 28000–30000 K: Relámpago

Algunos ejemplos aproximados de temperatura de color. Fuente: Wikipedia.org. La temperatura de color se puede compensar (al menos en parte) con el ajuste del balance de blancos, ya sea en la cámara o en un proceso digital posterior.

Temporizador Dispositivo integrado en las cámaras digitales que permite realizar un disparo retardado (normalmente, pasados dos o diez segundos) tras la pulsación del botón de disparo.

Terabyte Unidad utilizada en informática para representar 1,024 Gigabytes.

TFT *Thin-Film Transistor* – Transistor de película plana. Tecnología utilizada en la fabricación de pantallas planas, necesita una fuente de luz blanca (y una rejilla de filtros de color) para representar las imágenes.

Thunderbolt Interfaz de conexión de periféricos, que en su tercera generación utiliza una conexión USB-C. Fue concebido para reemplazar a los puertos FireWire y HDMI, y hace uso de tecnología óptica. Sobre cable de cobre, Thunderbolt es capaz de alcanzar los 10 Gb/s de transferencia. El Thunderbolt 3 actual ya llega a los 40 Gbit/s (5 GB/s).

TIFF *Tagged Image File Format* – Formato de fichero de imagen con etiquetas. Uno de los formatos pioneros en incluir contenido de color RGB completo (frente a GIF) con posibilidad de compresión sin pérdidas. Una de las características que incluye es la de un conjunto de ""etiquetas"" o contenidos añadidos a la imagen.

Tilt-Shift Objetivo especial que permite modificar la línea principal (eje) del enfoque de una imagen. Normalmente permiten un movimiento de inclinación (tilt, en inglés) y otro de desplazamiento lateral (shift).

Se utilizan principalmente en arquitectura, ya que permiten optimizar la profundidad de campo y generar líneas paralelas en la imagen (frente a otros objetivos, que deforman la fotografía).

Desde el punto de vista artístico, se pueden utilizar con la estrategia opuesta, generando imágenes con un rango de enfoque muy limitado, con aspecto de maqueta.

Tintado En imagen digital, proceso en el que se aplica un color uniforme a una imagen. Se puede hacer de varias formas diferentes, ya sea mediante la adición de una capa de color sólido y modo de fusión "Multiplicar", o bien mediante ajustes de brillo, tono y saturación.

También se puede conseguir mediante la herramienta de curvas. En fotografía tradicional, se conseguía mediante la adición de colorantes en el proceso de positivado del papel. No es el mismo proceso que el virado, en el que se modificaban las sales del soporte físico (papel).

TOC Del inglés, *Table of Contents*, tabla de contenidos. Es un acrónimo muy utilizado en maquetación y composición de publicaciones para referirse al índice y/o a listas de contenidos.

Tolerancia En imagen digital hace referencia al rango de valores permitido para aplicar una herramienta o selección, a partir de los valores de un punto concreto. Cuanto mayor sea esta tolerancia, mayor será (por lo general) el área afectada por la herramienta, transformación o selección.

Tono En fotografía, puede hacer referencia al color ("un tono rojizo"). Algunos programas de edición fotográfica permiten ajustar los colores de una imagen mediante un control del tono y la saturación del color, ya sea sobre toda la imagen o sobre una selección activa.

También, modo de fusión en GIMP que mezcla la información de las dos capas afectadas, tomando el dato de tono de la capa superior y la saturación y el valor de la capa inferior.

Trans-Flash (TF) Denominación alternativa de las tarjetas microSD, versión en miniatura del formato SD muy extendida en dispositivos portátiles (teléfonos, ebooks, tablets...)

Tramado En imagen digital, es el efecto visual resultante de la incapacidad de algunos sistemas de color para representar colores concretos. El ordenador creará patrones (habitualmente, con un color de fondo y otro formando un patrón sobre este) para generar un efecto visual lo más parecido posible, si la imagen se mira a una distancia dada.

En imprenta digital, los diferentes colores y tonos se obtienen mediante tramas de puntos de color en el sistema CMYK, variando el tamaño del punto y la inclinación de la trama, diferente para cada color primario.

Trazado Curva con definición matemática, realizada mediante puntos y datos de curvatura, utilizada para realizar selecciones avanzadas en programas de edición fotográfica. En aplicaciones de dibujo vectorial, un trazado en general puede ser un tipo de línea, que puede incluir tanto curvas como segmentos rectos. A partir de un trazado se pueden crear elementos para un diseño.

Trepidación Efecto de desenfoque indeseado producido en fotografía debido a la vibración o el movimiento involuntario de la cámara. Este efecto es visible, sobre todo, en fotografías hechas con teleobjetivos y a mano alzada (sin trípode).

Trípode Soporte para fijar la cámara que dispone de tres patas ajustables (normalmente, en ángulo y altura) para realizar fotografías sin sujetar la cámara en las manos. Esto permite hacer capturas más largas sin problemas de vibraciones o movimientos involuntarios.

TTL Acrónimo con doble significado. En electrónica, hace referencia a *"Transistor-Transistor Logic"*, es decir, circuitos lógicos fabricados mediante encadenamiento de transistores. Es una tecnología alternativa a la CMOS.

Sin embargo, en el ámbito de la fotografía también hace referencia a *"Through-The-Lens"*, es decir, a través de la lente, en referencia a sistemas de ajuste (fotómetro integrado, flash variable) que toman la referencia de la imagen real que está recibiendo el sensor.

Actualmente, cada fabricante de cámaras digitales utiliza su propio sistema de medición TTL para el control de flashes externos, que no suelen ser compatibles entre marcas en el caso de las funciones más especializadas.

Algunos tipos de TTL disponibles en el mercado:

• **3D TTL:** Sistema de medición que tiene en cuenta la distancia de los objetos hasta el flash, como un parámetro más a la hora de calcular la intensidad de luz necesaria (que se traduce en el ajuste de potencia del flash)

• **A-TTL:** *Advanced* TTL (avanzado), se basa en un destello previo con una luz infrarroja, para cálculo de la distancia (y, más o menos, del tamaño del sujeto, basado en la cantidad de luz reflejada). La cámara controla la cantidad de luz emitida por el flash únicamente mediante el control de la duración del destello, buscando un equilibrio con la iluminación ambiente o de fondo.

• **E-TTL:** *Evaluative* TTL (evaluativo), utiliza un destello previo de luz blanca, de manera que se puede evaluar la iluminación general de la fotografía, y decidir a partir de ahí la duración y el nivel de potencia necesarios. Los flashes con E-TTL también pueden trabajar en modo A-TTL, para casos en los que se enfoca el flash en otra dirección (luz rebotada).

• **E-TTL II:** *Evaluative* TTL, de nueva generación, tiene en cuenta que el autofoco puede no estar fijado en el sujeto en el momento de la medición de la iluminación. Introduce la posibilidad de hacer un promediado de la luz recibida.

• **I-TTL:** *Intelligent* TTL (inteligente), de Nikon, desarrollado por Nikon, se basa en la lectura de varios (normalmente cinco) sensores en la zona de la imagen, y junto a la distancia y la iluminación general, puede incluir datos de la temperatura del color.

• **P-TTL:** *Preflash* TTL (destello previo), de Pentax, abre el diafragma completamente para hacer la evaluación de la iluminación con el destello previo.

• NIkon también tiene un modo de trabajo **CLS** (*Creative Lighting System* - Sistema de iluminación creativo), que combina el concepto del i-TTL con funciones avanzadas, como el posible bloqueo de la exposición del flash y el disparo remoto por radio o el uso de varios flashes a la vez.

Modos de trabajo de algunos flashes TTL. Fuente: http://albertog.over-blog.es

Tv (Timer Value) En algunas cámaras (Canon) es el ajuste de disparo semiautomático en el que el usuario puede fijar el valor de velocidad de obturador (disparo). Equivalente al programa "S" de otras cámaras.

El ajuste de velocidad incluirá, al menos, los valores de ajuste por pasos tradicionales (1/125s, por ejemplo). Las cámaras digitales modernas pueden utilizar ajustes de hasta un tercio de paso de diferencia.

Tradicionalmente, los diferentes "pasos" de velocidad se conseguían mediante fracciones simples (1/2 ó 1/3) partiendo de un segundo, siendo redondeadas en ocasiones. Así, en muchas cámaras antiguas podemos ver valores como los siguientes (siempre en segundos):

$1/2000 - 1/1000 - 1/500 - 1/250 - 1/125 - 1/60 - 1/30 - 1/25 - 1/16 - 1/8 - 1/4 - 1/2 - 1$

De nuevo, las cámaras modernas digitales permiten un control más fino del tiempo de exposición, de forma que es frecuente ver valores diferentes a los listados arriba, como 1/630s.

TXT Uno de los formatos de texto pioneros, es la forma más sencilla de almacenar información de texto. No se incluye información del estilo de la letra, ni su fuente o tamaño. Dado que generan archivos muy pequeños y sin etiquetas (meta-datos internos), son ideales como formato de entrada hacia los programas de maquetación.

U

UFRaw *Unidentified Flying Raw,* "archivo raw volante no identificado". Bajo ese nombre se esconde una utilidad de proceso de archivos en formato RAW que se puede integrar dentro de la interfaz de GIMP.

UFS *Universal Flash Storage*, almacenamiento flash universal. Nuevo formato de tarjeta de memoria propuesto en 2016 por Samsung, como evolución de la microSD. Su velocidad de lectura sería hasta cinco veces mayor.

A pesar de ser similares en tamaño, el interfaz no es compatible, por lo que se necesita un lector especial.

UHD Ver Ultra-HD

Ultra-HD (también UHD) Formato de alta definición que está sustituyendo progresivamente al FullHD; en este caso, el formato UltraHD utiliza 3,840 por 2,160 píxeles (8.1 Megapíxeles), algo por debajo de la definición de referencia del formato 4K.

Actualmente se le está comenzando a denominar UHD-1, como una nueva forma de clasificación en previsión del lanzamiento de otro estándar más, denominado UHD-2, que utilizará el formato 8K (cuatro veces más resolución que el 4K).

UNIX Sistema operativo portable, multitarea y multiusuario, alternativo a Windows y a Mac OS – de hecho, la primera versión data de 1969. Es más, el sistema actual Mac OSX es en realidad una variante de UNIX, con una interfaz gráfica propia. UNIX también fue el punto de partida de otros sistemas operativos, como GNU/Linux y Ubuntu, por ejemplo.

USB *Universal Serial Bus* – Bus Serie Universal, formato de conexión digital estándar que permite la conexión de hasta 127 equipos por puerto. Se ha convertido en el estándar actual, con su versión 2.0 (permite hasta 480MBps) como la más extendida.

Ya hay dispositivos que trabajan con el nuevo estándar 3.0, que poco a poco va desplazando a la versión anterior, aunque es compatible con aquella.

Y hay una nueva definición de estándar (la 3.1) que ya propone la conexión simétrica (para evitar el error en la conexión física) y mayores niveles de potencia disponibles, hasta unos 100W.

USM *UltraSonic Motor*, motor ultrasónico. Acrónimo que se puede encontrar en algunos objetivos intercambiables (cámaras réflex o EVIL). Suelen ser más lentos que los motores paso a paso (STM) pero son más silenciosos.

UV *UltraViolet* - Ultravioleta. Luz con frecuencia superior a la violeta (onda más corta), no visible para el ojo humano, pero sí detectada (en las frecuencias cercanas a las visibles...) por los sensores fotográficos.

Muchos fotógrafos recomiendan el uso de filtros UV para eliminar la posibilidad de lecturas incorrectas de cantidad de luz, debidas a la fracción ultravioleta de la misma. En la práctica, se suelen montar, al menos, como protección para el objetivo.

V

Valor Modo de fusión similar a „Tono", en este caso mezcla el valor de la capa superior con la saturación y el tono de la inferior. Puede ser útil para recuperar detalles en zonas oscuras de las imágenes.

VD16 Del alemán *Verzeichnis der im deutschen Sprachbereich erschienenen Drucke des 16. Jahrhunderts*, Directorio de libros impresos en el siglo XVI en lengua alemana.

Vector Entidad matemática que incluye información (al menos) de su punto de origen y orientación. Se suele representar con una flecha, cuya punta indica el sentido o dirección "positivo", referido a ese vector.

En diseño gráfico, las líneas curvas pueden crearse y representarse mediante vectores, que facilitan su edición mediante relaciones matemáticas.

VESA Local Bus Bus de datos creado por *Video Electronics Standards Association*, permitía conectar la tarjeta de video a ordenadores con microprocesador Intel 80486. Obsoleto.

Viñeteado Efecto de disminución de la luz transmitida en las zonas periféricas de los objetivos, que se traduce en un oscurecimiento de las fotografías, sobre todo en las esquinas.

Imagen con un fuerte viñeteado

El efecto es más visible si se utiliza una óptica equivocada (por ejemplo, una lente diseñada para sensores de tamaño APS-C montada en una cámara de formato completo), pero puede aparecer también al montar filtros enroscados, o simplemente en lentes de baja calidad.

Puede utilizarse de manera forzada para aislar a los sujetos de la fotografía, creando un tipo especial de imágenes similares a las de clave baja. El viñeteado puede usarse para atraer la atención hacia el sujeto fotografiado.

Virado Coloreado tradicional químico que se basaba en dos estrategias diferentes. Por un lado, se podía tintar el papel fotográfico o soporte, con lo que se sustituía el color blanco por otro (marrón, sepia, azul…).

Por otro lado, se podían llegar a sustituir completamente las sales de plata por otros metales (Paladio, Platino, Selenio…), consiguiendo tonos más e menos cálidos en las imágenes en blanco y negro.

Arriba: Imágenes tratadas con sales de Plata, Paladio y Selenio. Fuente: **Blanco y Negro con The GIMP**, Alberto García Briz

VR *Vibration Reduction*, reducción de vibraciones. Denominación incluida en algunos objetivos para indicar que incluyen un mecanismo de compensación de vibraciones, lo que permite trabajar en peores condiciones de iluminación a mano alzada. Similar a "IS" o bien "OIS" de otros fabricantes.

En otros ámbitos, VR hace referencia a *Virtual Reality*, realidad virtual.

W

W-7 Formulario para la solicitud del número de identificación de contribuyente en Estados Unidos, necesario para la solicitud de exención de doble tasación sobre los royalties, en caso de vivir fuera de ese país (ver W8-BEN). Se puede descargar gratuitamente desde www.irs.gov.

W8-BEN Formulario de exención de doble tasación para escritores no residentes en Estados Unidos y que publiquen o impriman en ese país. También está disponible para su descarga en www.irs.gov.

WB Ver balance de blancos. Compensación de color introducida en la cámara digital (o posteriormente con un proceso informático) para eliminar la influencia de la fuente de luz utilizada en una fotografía.

WebP Nuevo formato de imagen *OpenSource*; utiliza tanto algoritmos con pérdidas como sin éstas, y consigue tamaños de fichero más pequeños con calidades similares al formato JPG.

Este formato permite, además, la creación de imágenes en movimiento (como las animaciones del formato GIF) y la transparencia. Por ahora, sólo está soportado por algunos navegadores (Chrome, Opera) y visores de imagen (Picasa, XnView, IrfanView...).

Widget Módulos de código HTML (o XML en general) que se incluyen en páginas web para realizar determinadas funciones (en este libro, para mostrar información de publicidad de terceros).

White Balance Ver balance de blancos. Compensación de color introducida en la cámara digital (o posteriormente con un proceso informático) para eliminar la influencia de la fuente de luz utilizada en una fotografía.

WiFi Protocolo de comunicación inalámbrica, cada vez más frecuente en cámaras fotográficas y en algunas tarjetas de memoria, para la transferencia directa de las imágenes a un ordenador.

Las versiones iniciales de este protocolo utilizaban la banda libre de 2.4GHz; versiones más modernas añaden la banda de 5GHz para aumentar la velocidad de transferencia, y ya se está trabajando en una tercera banda, en torno a los 60GHz para futuras revisiones del estándar.

WYSIWYG *What you see is what you get* – Lo que ves es lo que obtienes. Utilizado en informática para sistemas de representación (pantallas) que muestran exactamente el resultado final que darán los equipos de salida (impresoras).

Permiten una edición más sencilla, ya que se pueden ver los efectos de cada cambio realizado. La mayoría de programas modernos de edición de imagen y diseño vectorial trabajan con esta estrategia.

X

XCF Acrónimo de *eXperimental Computing Facility* - Instalación informática experimental, es el formato de archivo utilizado por defecto por el programa GIMP desde su versión 2.8 (anteriormente estaba disponible sólo como opción). Permite almacenar, junto con la información de la imagen, datos de capas, trazados, selecciones, máscaras...

xD (también xD Picture Card) Formato de tarjeta de memoria desarrollado por Fuji y Olympus, en desuso en cámaras nuevas debido al auge del formato SD.

XML *eXtended Markup Language*, lenguaje con etiquetas extendido. Es una generalización del concepto original del HTML (que tampoco era nuevo...), basada en el uso de etiquetas de texto dentro del documento en sí, para definir su comportamiento y cómo se muestra en pantalla o en papel. Actualmente se aplica en diferentes formatos de archivo informático, como el ODT de **OpenOffice** y **LibreOffice**.

XQD Nuevo formato propuesto por la Asociación *CompactFlash*, disponible por ahora en unas pocas cámaras profesionales (como la Nikon D4).

Y

YCbCr Sistema de descomposición del color orientado a la transmisión de imagen de video, que permite la transmisión con pérdidas. Tiene conversión directa desde el sistema RGB. El sistema YCbCr, al contrario que el YUV, se basa en valores reales de la imagen.

YPbPr Espacio de color derivado del YCbCr, utilizado en transmisión de imagen de televisión analógica.

YUV Sistema de representación de color similar al RGB (de hecho, hay una fórmula directa de transformación) utilizado en la transferencia de imágenes (ya sean fotos o imagen en movimiento).

Permite ocultar diferentes errores de transmisión (e incluso los de compresión de la imagen), por lo que mejora la representación en pantalla. Tiene un parámetro de luminancia (intensidad de luz) y dos de crominancia (azul-verde y amarillo-rojo). Este sistema se utiliza tanto en los sistemas PAL como en los NTSC.

El sistema YUV se aproxima a la percepción humana, presentando por un lado información de intensidad de luz, y por otro la de color.

Z

Zona Área o áreas de una imagen con tonalidades similares. El Sistema de Zonas, desarrollado por Ansel Adams a mediados del siglo XX, permitía obtener el mayor rango de iluminaciones posible para una escena determinada.

Además, se definió el método para optimizar el contraste con ese ajuste de iluminación. El sistema de zonas definía un total de once niveles distintos desde el blanco puro hasta el negro, sin detalles apreciables en ambos extremos.

Actualmente, muchas cámaras profesionales ya ofrecen latitudes de más de quince "pasos", por lo que formalmente superarían la definición básica de zonas.

Zoom Objetivo con lentes o grupos de lentes móviles en su interior, capaces de modificar su distancia focal equivalente. Al incluir más lentes para la variación del ángulo óptico, suelen ser menos luminosos que los objetivos equivalentes de distancia focal fija.

En edición de imagen y diseño gráfico, también se denomina zoom en nivel de ampliación de la vista de trabajo en pantalla.

Zoom digital Función de Software incluida en algunas cámaras que recorta la zona central de la imagen digital, creando puntos intermedios por interpolación hasta alcanzar el tamaño de imagen deseado (típicamente, el del original sin recortar).

En general producen imágenes suaves, con peor definición que las capturadas mediante un zoom óptico.

Del mismo autor

Mejora tus fotos con GIMP
– eBook 1: Iluminación y Contraste
– eBook 2: Composición
– eBook 3: Retoques básicos
Alberto García Briz
http://libros.agbdesign.es/libros-propios/mejora-tus-fotos-con-gimp/

Aprende a manejar las herramientas básicas de GIMP que te permitirán recuperar o mejorar el aspecto general de tus fotografías.

Aprende a colocar los elementos principales de tus imágenes en la posición óptima para crear composiciones más equilibradas, centrando la atención del espectador donde tú quieras.

Consigue añadir o eliminar objetos en tus fotografías, o corregir detalles individuales como los ojos rojos.

Minilibros prácticos

Blanco y Negro con The GIMP
Alberto García Briz
http://libros.agbdesign.es/libros-propios/blanco-y-negro-con-the-gimp/
ISBN 978-1478353911 (edición en papel, CreateSpace)
232 páginas

Descubre cómo utilizar GIMP de diversas maneras para obtener fotos en Blanco y Negro con un aspecto profesional.

Las diferentes técnicas están explicadas paso a paso en múltiples ejemplos prácticos.

Niveles y Curvas con GIMP 2ed.
Alberto García Briz
http://libros.agbdesign.es/libros-propios/niveles-y-curvas-con-gimp-2a-ed/
ISBN 978-1484813775
116 páginas

Aprende a manejar estas dos potentes herramientas con uno de los mejores programas gratuitos de edición fotográfica.

Segunda edición con contenidos ampliados.

Publicación online – hazlo tú mismo
Alberto García Briz
http://libros.agbdesign.es/libros-propios/publicacion-online-hazlo-tu-mismo-3ed/
ISBN 978-1492209317
120 páginas

La autopublicación es una tendencia actual en Internet. Con unos pocos pasos puedes tener sobre la mesa (o en tu lector de libros electrónicos) ese libro que llevaba años en un cajón...

Tercera edición con contenidos ampliados.

Manual básico de Scribus
Alberto García Briz
http://libros.agbdesign.es/manual-basico-de-scribus/
ISBN 978-1499502442
128 páginas

Aprende a manejar este potente programa gratuito de maquetación para crear publicaciones con un acabado profesional.